PONS

Diktate für MÄDCHEN 1.-4. Klasse

von
Anne Scheller

PONS GmbH
Stuttgart

PONS

Diktate für MÄDCHEN 1.-4. Klasse

von
Anne Scheller

Auflage A1 5 4 3 2 1 / 2012 2011 2010 2009

Produktinfos und Online-Shop: www.pons.de
E-Mail: info@pons.de
Online-Wörterbuch und Online-Bildwörterbuch: www.pons.eu

Redaktion: Canan Özdamar
Logoentwurf: Erwin Poell, Heidelberg
Logoüberarbeitung: Sabine Redlin, Ludwigsburg
Titelfoto: Maica (Carmen Martínez Banús), istockphoto
Einbandgestaltung: Daniel Müller, Stuttgart
Illustrationen: Vera Brüggemann, Bielefeld
Layout: one pm, Petra Michel, Stuttgart
Satz: andrea grundmann kommunikationsgestaltung, Karlsruhe
Druck und Bindung: Print Consult GmbH, München

Printed in Slovak Republic.
ISBN: 978-3-12-561642-4

Hallo und willkommen!

Mit diesem Buch kannst du Diktate zu Prinzessinnen, Pferden, magischen Welten und vielem mehr üben und dabei die wichtigsten Rechtschreibthemen aus dem Deutschunterricht trainieren.

Das Buch ist nach Rechtschreibthemen geordnet. So kannst du dir gezielt das Thema für deine Klassenstufe aussuchen, das du üben möchtest. Das findest du im **Inhaltsverzeichnis**. Du kannst dir aber auch aus dem **Themenverzeichnis** ein Thema aussuchen, das dich interessiert – zum Beispiel Meerjungfrauen – und dazu ein Diktat üben. Die Zahl vor dem Titel verrät dir, zu welcher Klasse das Diktat gehört.

Vor jedem Diktat kannst du die **Regel**, die geübt wird, nachlesen. Auf vielen Seiten gibt dir außerdem die **Tipp-Box** weiterführende Ideen zum Üben, Spielen, Malen und Basteln.

So sieht die Tipp-Box aus.

Manche Tipps kannst du alleine umsetzen, für andere brauchst du einen Partner. Frag einfach deine Eltern, Geschwister oder Freunde.

Versuche doch diese Tipps umzusetzen, so kannst du deiner Fantasie freien Lauf lassen und auch mal ganz anders üben. Danach kannst du dich viel besser konzentrieren.

Und nun – viel Spaß!

Klasse		Seite	bearbeitet
	Richtig diktieren – Ratgeber für Eltern	12	
	Kurze Sätze und Texte für die 1. Klasse	16	

Diktate für die 2. – 4. Klasse

1. Groß- und Kleinschreibung

2. Laute und Buchstaben

2.1 Vokale und Konsonanten

Inhalt

4. Zusammengesetzte Wörter

5. Gleichklingende Wörter und Silben

6. Silbentrennung

Magische Welten

Freundschaften

Themen

Pferde und Reiterhof

Prinzessinnen und Meerjungfrauen

Tiere, Natur, Abenteuer

Themen

Kreatives

Richtig diktieren

Ratgeber für Eltern

Liebe Eltern,

Oft werden Diktate einfach nur vorgelesen. Klar wird das auf die Dauer langweilig. Es gibt aber viele Möglichkeiten, wie man mit Diktaten umgehen kann, sodass sie Spaß machen und man noch so ganz nebenbei topfit in der Rechtschreibung wird. Deshalb haben wir auf den nächsten Seiten Spiel- und Übungsvorschläge für Sie und Ihr Kind zusammengestellt. Noch mehr weiterführende Ideen finden sie in den **Tipp-Boxen**, die unter den Diktaten auftauchen.

Lesen Sie die Tipp-Boxen immer durch, bevor Sie beginnen den Text zu diktieren. Sie können die jeweiligen Tipps natürlich auch für andere Diktate einsetzen. Manche Tipps kann Ihr Kind alleine umsetzen, für andere braucht es einen Partner. Das können Sie sein oder aber ein Freund oder Geschwister.

Vor jedem Diktat wird eine Rechtschreibregel erläutert, die anschließend im Text behandelt wird. Die zu übenden **Diktatwörter** sind farbig hervorgehoben, sodass sie auf einen Blick erkennbar sind.

Richtig diktieren wie in der Schule

Bevor Sie einen ganzen Text in Angriff nehmen, sollten Sie zunächst die **Diktatwörter mehrmals üben** lassen. In den Tipp-Boxen finden sie viele Ideen, wie Ihr Kind auch einzelne Wörter abwechslungsreich üben kann.

Wenn Sie den Text diktieren, ist es wichtig, auf einige Punkte besonders zu achten:

1. Lesen Sie zunächst den **kompletten** Text vor. So kann Ihr Kind den Sinn des Textes am besten erfassen.
2. Lesen Sie dann den ersten Satz vor.
3. Diktieren Sie dann den Satz langsam und betont, indem Sie ihn nach Sprechtakten und Sinnabschnitten unterteilen. Ein ganzer Satz ist oft zu lang zum Merken.
4. Lesen sie nun den nächsten Satz am Stück vor und diktieren ihn danach wie unter **3.** beschrieben.
5. Nach dem letzten Satz lesen Sie noch einmal den ganzen Text langsam vor. Nun hat Ihr Kind die Möglichkeit, seinen Text zu prüfen und mögliche Lücken zu füllen.
6. Zum Schluss lassen Sie ihr Kind den Text laut vorlesen. Dadurch hat es die Möglichkeit, noch einmal seinen Text zu kontrollieren und eventuelle Lücken und Fehler zu korrigieren.

Unter jedem Diktat befindet sich eine Angabe über die Anzahl der Wörter und eine Möglichkeit für Sie, festzuhalten, wann das Diktat geübt wurde.

Notieren Sie immer Fehleranzahl und Datum. So behalten Sie den Überblick über den Lernfortschritt Ihres Kindes, wenn Sie das Diktat ein weiteres Mal üben.

Und nicht vergessen: Loben Sie Ihr Kind!

Weitere Tipps

Zusätzlich zu den Tipp-Boxen im Buch können Sie auch mit folgenden Vorschlägen, die sich direkt an ihr Kind richten, das Üben fantasiefördernd und kreativ gestalten:

Kleider- und Schuhdiktat

Wie der Name schon sagt, brauchst du hierfür Kleider und Schuhe! Zunächst schreibst du 10 Diktatwörter, die du lernen möchtest, auf einzelne Kärtchen. Stecke dann die Kärtchen in die Taschen deiner Kleidung und in deine Schuhe. Gehe nun von deinem Schreibtisch zu deinem Kleiderschrank und hole ein Kärtchen heraus. Schau das Kärtchen genau an und stecke es wieder zurück in die Tasche. Merke dir das Wort, gehe zurück zu deinem Heft und schreibe das Wort auf. Das wiederholst du mit allen Kärtchen. Hole zum Schluss alle Kärtchen wieder heraus und vergleiche sie mit den Wörtern in deinem Heft. Stimmen alle?

Stadt-Land-Fluss

... kannst du auch mit Diktatwörtern spielen. Dann heißen die Spalten anders und zwar so: **Nomen, Adjektiv, Verb, andere Wörter**.
Und so geht es: dein Partner sagt still für sich das ABC, du rufst irgendwann „Stopp". Dein Partner sagt dir, bei welchem Buchstaben du ihn gestoppt hast. Er zählt nun von 1-30. In dieser Zeit solltest du so schnell wie möglich, für jede Spalte ein Diktatwort aus diesem Buch finden. Wenn dein Partner zu Ende gezählt hat, ruft er „Stopp". Nun wechselt ihr euch ab. Für jedes Wort, das ihr richtig aufgeschrieben habt, gibt es 10 Punkte. Wer die meisten Punkte hat, gewinnt am Schluss.

Wörter würfeln

Dieses Spiel könnte ihr zu zweit oder mehreren spielen. Wirf den Würfel. Die Augenzahl sagt dir, wie viele Silben oder Buchstaben dein Wort haben muss:

1 = Suche ein Diktatwort mit **1 Silbe** und schreibe es auf.
2 = Suche ein Diktatwort mit **2 Silben** und schreibe es auf.
3 = Suche ein Diktatwort mit **3 Silben** und schreibe es auf.
4 = Suche ein Diktatwort mit **4 Silben** und schreibe es auf.
5 = Suche ein Diktatwort mit **5 Buchstaben** und schreibe es auf.
6 = Mach mal **Pause**! Du darfst aussetzen.

Wenn du ein Wort gefunden hast, schreibe es auf ein Blatt (vergiss nicht, die Seitenzahl im Buch dazuzuschreiben!). Dann ist der Nächste an der Reihe. Schlagt zum Schluss die Seiten auf, auf denen ihr die Wörter gefunden habt und prüft, ob ihr die Wörter richtig aufgeschrieben habt.

Überblick über die gängigen Grammatikbezeichnungen:

Nomen	Namenwort, Substantiv	das **Auto**, die **Autos**
Verb	Tu(n)wort, Zeitwort	ich **lache**, ich **lachte**, ich **habe gelacht**, ich **werde lachen**
Adjektiv	Wiewort, Eigenschaftswort	der **blaue** Himmel
Präposition	Verhältniswort	**in** der Schule, **auf** dem Dach
Konjunktion	Bindewort	Er freut sich, **weil** er Ferien hat.
Artikel	Begleiter	**der/ein** Hund, **die/eine** Katze, **das/ein** Pferd

Und nun, viel Erfolg beim gemeinsamen Üben!

Kurze Sätze und Texte für die 1. Klasse

Lautgetreues Schreiben
Viele deutsche Wörter schreibst du genauso, wie du sie sprichst. Hör genau zu und sprich die Wörter beim Schreiben laut und deutlich mit.

Tina und Lina

Tina mag Mama, Opa,
Tante Ina, den Hund, Bananen,
Kekse, Tomaten, Salat.

Lina mag Papa, Papas Auto, Oma,
Hase Mimi und den Esel.

Das tun Tina und Lina:
Blumen malen, baden, lesen, reden,
toben, schlafen, basteln.

Häufige Wörter

Einige **Wörter** kommen ziemlich **oft** vor. Übe sie immer wieder und merke dir ihre Schreibweise gut.

Der Fragengeist überlegt

Ja oder nein?

Und wenn, dann wie?

Aber besser jetzt?

Oder vielleicht nie?

Lieber nach da?

Doch auch von hier?

Das sind viele Fragen.

Die Antworten such' **ich** mir.

Sprechsilben erkennen

Alle Wörter bestehen aus einer oder mehreren **Silben**. Lies die Wörter zuerst laut und klatsche bei jeder Silbe in die Hände. Setze dann die Silbenbögen. Schreibe nun die Wörter ab und sprich dabei das Wort beim Schreiben laut mit.
Beispiel: Meer - jung - frau → Das Wort hat also 3 Silben.

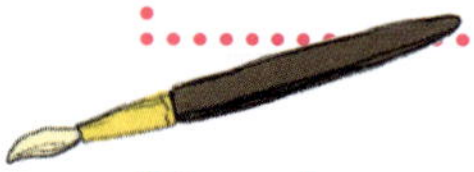

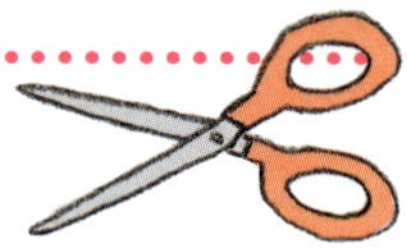

Das brauchst du zum Basteln

Schreibtisch	Schere	Wasserfarben
Kleber	Goldpapier	Pinsel

Sprechsilben helfen beim richtigen Schreiben

Beim Klatschen kannst du **doppelte Konsonanten** hören, die dir sonst nicht auffallen. Sprich das Wort „Sattel“ einmal ohne und einmal mit Klatschen. Hörst du den Unterschied? Sattel – Sat-tel! So merkst du, dass du das Wort mit doppeltem **t** schreiben musst. Sprich die folgenden Wörter laut mit und klatsche bei jeder Silbe.

Auf dem Reiterhof

Sattelkammer	Ställe	Reithalle
Strohballen	Futter	Koppel
Wasser	Scheuklappen	Mähnengummi

Reime klingen gleich

Wörter, die am Ende **gleich klingen**, nennt man Reimwörter. Sie sind praktisch, weil sie am Ende meistens **gleich geschrieben** werden.
Lies die Wörter laut. Übermale die Wortenden, die sich reimen in der gleichen Farbe. Findest du noch mehr Reime?

Tierischer Reim

Der Hund hat einen großen Mund.

Er ist gesund und kugel_________.

Zahlenreim

Eins, zwei, drei – ich habe heute frei.

Drei, zwei, eins – dieses Buch ist meins.

Fünf, sechs, sieben – ich muss mein Fahrrad schieben.

Acht, neun, zehn – zu Fuß mag ich nicht gehen.

Schwierige Laute am Wortende

Am Wortende klingen **b** und **p**, **d** und **t** sowie **g** und **k** ziemlich ähnlich. Wenn du diese Wörter **verlängerst**, kannst du meistens deutlich hören, um welchen Laut es sich handelt. Beispiel: Dieb - Die**b**e, alt - äl**t**er, Zug - Zü**g**e. Fallen dir noch mehr schwierige Wörter ein?

Schau genau hin!

lieb **piep**

Wald **Halt**

klug **Spuk**

Das „ei"

In vielen Wörtern erklingt ein Laut, der sich wie **ai** anhört. Man **schreibt** ihn fast immer mit **ei**. Merke dir diese Wörter gut!

Ostern bei Heinz und Heidi

Heinz und **Heidi feiern**

Ostern mit vielen **Eiern**!

Der lange i-Laut

Hörst du einen **langen i-Laut**, musst du häufig **ie schreiben**. Schreibe die Sätze ab und lies die Wörter beim Schreiben laut und deutlich mit. Übermale den langen i-Laut mit deiner Lieblingsfarbe.

Maxi liebt Tiere

Maxi geht jeden Tag zur **Wiese**
von Bauer Hannes.
Hier sind **viele Tiere.**
Manche stehen auf **vier** Beinen.
Andere können **fliegen.**
Maxi kommt **nie** ohne Futter
für ihre **Lieblinge.**

1. Diktate für die 2. bis 4. Klasse

1. Groß- und Kleinschreibung

Der Satzanfang

Das **erste Wort** im Satz wird **großgeschrieben**. Nach einem Punkt, Ausrufezeichen oder Fragezeichen beginnt der nächste Satz mit einem Großbuchstaben.

1 Prinzessin Pia will im Bett bleiben

Prinzessin Pia ist böse. **Sie** will nicht aufstehen. **Sie** ist noch so furchtbar müde! **Warum** darf sie nicht einfach weiterschlafen? **Da** riecht sie heiße Schokolade. **Lecker**! **Pia** gähnt und springt aus dem Bett.

33 Wörter · diktiert am: ....

Eigennamen und Nomen

Eigennamen stehen für eine Person oder ein Tier: **Emma**, **Herr Müller** und **Waldi** zum Beispiel. Du schreibst sie **groß**. Auch Nomen, die mit Eigennamen zusammen auftauchen, werden mit einem Großbuchstaben geschrieben: **Tante** Anne, **Oma** Pia.

2 Janas tierische Familie

Heute besucht **Jana** ihre **Tante Anna** auf dem Bauernhof. Zuerst geht sie zu den Hasen. Sie heißen **Dicker**, **Wackelohr** und **Max**. Am Hühnerhaus trifft sie **Onkel Fritz**. Er sammelt die Eier von **Lulu** und **Lala** ein. **Oma** und **Opa** sitzen im Garten. Dort bekommt **Jana** Saft und Kuchen.

48 Wörter · diktiert am: ....

Nomen

Nomen bezeichnen außer **Personen** (der Lehrer, die Schaffnerin) auch **Dinge** (der Füller, das Fahrrad), **Tiere** (der Hund, die Ziege) und **Pflanzen** (die Blume, der Baum). Nomen werden immer **großgeschrieben**.

3 Apfelzwerge

Male ein **Gesicht** auf eine große **Holzperle** und stecke sie auf den **Stiel** eines **Apfels**. Aus **Watte** kannst du **Haare** und **Bart** aufkleben. Stecke zwei **Zahnstocher** in die **Seiten** des **Apfels**. Zwei kleine **Holzperlen**, die du darauf steckst, sind die **Hände**. Fertig ist dein **Apfelzwerg**!

45 Wörter · diktiert am: ....

Nun bastel dir doch mal selbst einen Apfelzwerg! Was du dafür brauchst, weißt du ja. Sonst kannst du den Text einfach noch einmal lesen.

Wochentage und Uhrzeit

Die sieben **Wochentage** (Montag, Dienstag ...) schreibst du immer **groß**. Auch die „Uhr“ der **Uhrzeit** wird mit einem großen Anfangsbuchstaben geschrieben (Jetzt ist es 9.00 Uhr, bald ist es 10.00 Uhr).

4 Hexe Hellas Woche

Hexe Hella erwacht am **Montag** um **6.00 Uhr**. Am **Dienstag** zaubert sie um **7.00 Uhr**. Am **Mittwoch** spielt Hella um **8.00 Uhr** mit ihrem Drachen. Kräuter sammelt die Hexe am **Donnerstag** um **9.00 Uhr**. Von **Freitag** bis **Samstag** fliegt Hella zu ihrer Freundin. Am **Sonntag** schläft die Hexe bis **12.00 Uhr**.

52 Wörter · diktiert am: ....

Verben

Verben drücken aus, was jemand oder etwas tut oder was geschieht (Max lacht, Nina rennt, das Auto fährt, es regnet, es schneit). Verben werden **kleingeschrieben**.

5 Lilli und Olga tun alles gemeinsam

Lilli und Olga **sind** beste Freundinnen. Sie **spielen** zusammen Prinzessin oder **malen** gemeinsam ein Bild. Sie **gehen** ins Schwimmbad und **verstecken** sich im Wald. Beide **lesen** gerne Bücher und **erfinden** Geschichten. Sie **tragen** die gleichen Pullis und Hosen. Nachts **träumen** Lilli und Olga sogar voneinander.

45 Wörter · diktiert am: ....

Adjektive

Adjektive beschreiben wie Menschen, Tiere, Pflanzen oder Dinge **aussehen** und welche **Eigenschaften** sie haben (ein frecher Junge, ein bunter Schmetterling, ein alter Baum, ein gelbes Fahrrad). Adjektive schreibt man **klein**.

6 Zottel ist der Beste

Franzis Lieblingspferd heißt Zottel. Zottel ist **schön**! Sein Maul ist **weich** und seine Augen **groß** und **dunkel**. Sein Fell ist **braun** und **glatt**. Zottel ist sehr **lieb** zu Franzi. Er bewegt sich **langsam** und **ruhig** und wirft sie nie herunter. Franzi ist **glücklich**, dass sie Zottel reiten darf.

48 Wörter · diktiert am: ....

Schneller - höher - weiter!
Schreibe die Diktatwörter heraus. Schreibe nun neben jedes Wort die richtigen Steigerungsformen. Sprich beim Schreiben die Wörter laut mit:
Beispiel: schön - schöner - am schönsten

Gedachte Dinge
Alle Nomen schreibt man **groß**. Manche Nomen beschreiben Dinge, die man anfassen kann. Dagegen beschreiben andere Nomen gedachte Dinge, die wir nur fühlen, denken oder uns vorstellen können (die Freude, die Angst, die Liebe, das Ende).

7 Talurische Trollkunde

In den Wäldern von Talurien leben zwei Arten von Trollen, Sonnentrolle und Dunkeltrolle. Dunkeltrolle lieben die Finsternis. Sie verbreiten Dunkelheit um sich und atmen **Traurigkeit** aus. Sie lachen böse, sie schreien wild und wecken damit **Angst** und **Schrecken** in den Menschen, die sie hören.

Ganz anders sind die Sonnentrolle. Sie strahlen Helligkeit und **Freude** aus. Wenn du sie erblickst, spürst du **Freude**, **Glück** und **Fröhlichkeit**. Du möchtest die ganze Welt umarmen! Nur die Dunkeltrolle vielleicht ausgenommen ...

76 Wörter · diktiert am: ....

Aus Verben werden Nomen

Verben schreibst du klein. Aber aufgepasst! Man kann Verben auch als Nomen verwenden und schon müssen sie **großgeschrieben** werden. Sie stehen dann oft nach einem Artikel oder Pronomen (das Laufen, mein Grinsen). Der Artikel kann auch mit einer Präposition verschmolzen sein (beim Essen).

8 Divas Tagebuch

„Ich schwimme gerne mit meiner Freundin Mara, aber mit meiner kleinen Schwester Mira macht mir das **Schwimmen** gar keinen Spaß. Ich esse gerne, nur wenn Fisch dabei ist, finde ich das **Essen** blöd. Wer isst schon gerne seine Freunde? Überhaupt nicht gefallen mir das **Schreien** der Haie und das **Heulen** der Seewölfe in der Nacht. Viel schöner klingen das **Singen** der Koralle oder das **Pfeifen** der Seesterne!

Lustig ist es auch, die Menschen beim **Tauchen** zu beobachten. Sie müssen oft auftauchen und Luft holen. Diese Sorgen habe ich nicht, denn ich bin ...

93 Wörter · diktiert am:

....

Wenn du die Punkte der Reihe nach verbindest, siehst du Diva.

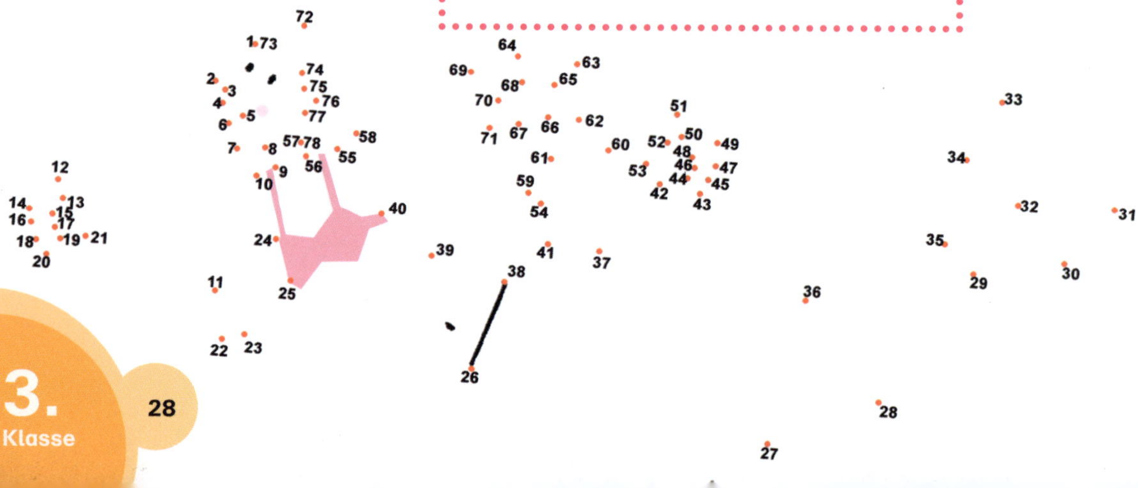

Tageszeiten

Tageszeiten wie Morgen, Vormittag, Mittag, Nachmittag, Abend oder Nacht können als Nomen verwendet werden. Sie stehen dann oft nach einem Artikel (der Morgen, am Abend) und werden **großgeschrieben.**

9 Der zandinische Zeitwurk

Der Zeitwurk lebt in den Wäldern von Zandinien. Er ist ein komisches Tier. Am **Morgen** sieht er aus wie ein Frosch mit Spinnenbeinen. Den **Vormittag** über fliegt der Zeitwurk als Vogel durch die Luft und singt Lieder rückwärts. Am **Mittag** isst er Schokolade mit Senfgurken und Eiern. Der **Nachmittag** ist die Schlafenszeit des Zeitwurks. Am **Abend** wird er zum Jagdhund und erbeutet Apfelsinen. An manchen **Abenden** übt der Zeitwurk auch Kopfrechnen. In der **Nacht** macht er einen Kopfstand und liest dabei Bücher.

82 Wörter · diktiert am: ....

Wie sieht der Zeitwurk wohl aus? Lies das Diktat nochmal ganz genau und male ihn am Morgen, am Vormittag und am Abend.

Morgen Vormittag Abend

Die höfliche Anrede im Brief

Wenn du einen Brief an einen Erwachsenen schreibst, den du nicht gut kennst, benutzt du die höfliche Anrede **Sie** und die entsprechenden Formen (**Ihr, Ihre, Ihnen** ...). Die höfliche Anrede schreibst du immer **groß**.

10 Mia schreibt an Paula Prinza

Liebe Frau Paula Prinza,

ich schreibe **Ihnen**, weil ich **Ihren** neuen Film im Kino gesehen habe. Der war so spannend und so schön! Am tollsten finde ich, wie **Sie** den Prinzen retten und **Ihre** Freundin auch noch.

Solche Kleider wie **Sie** möchte ich auch mal anziehen. Können **Sie** mir eines borgen? Und **Ihre** Frisur! Ich lasse mir jetzt die Haare wachsen, damit sie bald so lang sind wie **Ihre**.

Ich freue mich schon auf **Ihren** nächsten Film!

Ihre Mia Müller

80 Wörter · diktiert am: ....

Die vertraute Anrede im Brief

Kennst du einen Menschen gut, sprichst du ihn im Brief mit **du** und **dein/deine** an. Diese Wörter **musst du nicht groß** schreiben, du **darfst** es aber.

11 Turnier auf Hof Birkenfeld

Liebe Sina,

wie geht es **dir/Dir**? Hast **du/Du** immer noch Fieber?

Weißt **du/Du** es schon? Nächsten Monat findet auf dem Reiterhof ein großes Turnier statt! Wir dürfen alle mitmachen. Ich starte auf Polly beim Springreiten. Frau Hippe sagt, **du/Du** sollst in der Dressur antreten. Weißt **du/Du** schon, ob **du/Du** Tommi oder Flecki reiten möchtest?

Das wird klasse! Freust **du/Du dich/Dich** auch so sehr wie ich? Hoffentlich wirst **du/Du** schnell wieder gesund!

Lisa

71 Wörter · diktiert am: ....

Und nun du! Du wolltest doch bestimmt schon lange mal wieder einen Brief schreiben. Eine Freundin in einer anderen Stadt, dein Opa, eine Tante ... Dir fallen bestimmt viele Menschen ein, die sich über deinen Brief freuen.

Aus Adjektiven werden Nomen

Adjektive können auch als Nomen verwendet werden. In diesem Fall schreibt man sie **groß**. Sie stehen dann oft nach einem Artikel (das Schöne), einer Präposition, die mit einem Artikel verschmolzen ist (zum Guten), einer unbestimmten Mengenangabe oder einem Pronomen (dein Bestes).

12 Anastasias Spiegel

Prinzessin Anastasia sitzt vor ihrem Spiegel und betrachtet sich von allen Seiten.

„An dir ist wirklich viel **Liebliches**“, sagt der Spiegel! „Das **Schöne** an dir sind deine großen blauen Augen. Auch deine blonden Locken sind etwas sehr **Hübsches**. Deine roten Lippen lächeln so freundlich. Das **Netteste** aber sind deine runden Wangen!“

„Du hast Recht, Spiegel“, antwortet Anastasia begeistert. „An mir ist wirklich nichts **Grässliches**.“ Sie seufzt. „Ach, was für ein Glück bin ich für den Prinzen, der sich in mich verlieben darf! Ich bin einfach eine großartige, wunderschöne, liebreizende Prinzessin!“

90 Wörter · diktiert am: ....

Tageszeiten im Genitiv

Tageszeiten stehen häufig im Genitiv. In diesem Fall werden sie **großgeschrieben**.

13 Der Zauberstab

Eines schönen **Tages** öffnete die Fee Ella ihre magische Truhe und erschrak. Ihr Zauberstab war verschwunden! Auch der Elf Filu vermisste etwas: Er bemerkte eines **Abends**, dass seine Flöte nicht mehr an ihrem Platz lag.

Filu und Ella heckten einen Plan aus. Des **Nachts** legten sie eine goldene Brosche vor Ellas Wohnbaum und sich selbst auf die Lauer. Lange geschah nichts. Doch im Laufe des frühen **Morgens**, als Filu gerade den Tau aus seinen Ohren schüttelte, tauchte die Schuldige auf: Eine diebische Elster! Ella und Filu folgten ihr und entdeckten im Nest des Vogels den Zauberstab, die Flöte und viele andere Dinge, die die Waldbewohner schon lange vermisst hatten.

109 Wörter · diktiert am: ....

Tageszeiten als Adverbien

Und jetzt aufgepasst! Tageszeiten können auch als Adverbien verwendet werden. Dann werden sie **kleingeschrieben**. Man erkennt sie daran, dass ihnen ein **-s** angehängt wird (morgens, mittags, abends). Du darfst sie aber nicht mit den Tageszeiten im Genitiv verwechseln, die du auf der vorigen Seite kennengelernt hast.

14 Ein Tag auf dem Reiterhof

Marie arbeitet auf dem Reiterhof. Dort gibt es immer viel zu tun.
Marie geht **morgens** in den Stall und füttert die Pferde. Die Boxen der Tiere macht sie **vormittags** sauber. Dann legt Marie den Pferden Sattel und Trense an. Gleich kommen die Reitschüler. Mit ihnen reitet Marie **mittags** in der Reithalle oder im Gelände. Danach ist Marie sehr müde. Trotzdem muss sie **abends** noch einmal Futter verteilen und nachsehen, ob es allen Pferden gut geht. Manchmal arbeitet Marie sogar **nachts**. Doch wenn ein kleines Fohlen auf die Welt kommt, verzichtet Marie sehr gerne auf ihren Schlaf.

96 Wörter · diktiert am: ....

Tageszeiten nach Wörtern wie „gestern“, „heute“ und „morgen“

Und noch mehr zu den Tageszeiten! Sie werden **großgeschrieben**, wenn sie nach den Wörtern **vorgestern, gestern, heute, morgen** und **übermorgen** stehen (vorgestern Abend, heute Morgen, morgen Nacht).

15 Das Schultheater

Finja ist aufgeregt. Letzte Woche hat ihre Lehrerin angekündigt, dass die Klasse 4a ein kleines Theaterstück aufführen soll. Nun wird kräftig geprobt. Vorgestern **Morgen** haben die Mädchen die Rollen bekommen. Finja spielt eine Einhornreiterin! Gestern **Nachmittag** hat Finja ihren Text auswendig gelernt. Heute **Vormittag** nähen die Mädchen ihre Kostüme. Sie treffen sich noch einmal heute **Nachmittag**, um das Bühnenbild zu malen: den Zauberwald, den Silbersee und den Nebelberg. Bis Morgen **Mittag** dauern die Proben in der Schule. Und übermorgen **Abend** findet die Aufführung statt. Alle Eltern werden kommen, um das Theaterstück anzusehen. Toi, toi, toi!

95 Wörter · diktiert am: ....

Ländernamen

Alle Ländernamen sind Nomen und werden daher **großgeschrieben**. Die meisten Länder stehen ohne Artikel. Nur einige wenige stehen mit einem Artikel (der Sudan, die Türkei, die Dominikanische Republik).

16 Felicitas forscht

Ich, die mutige Forscherin Felicitas, berichte hier von meiner großen Forschungsreise um die Welt. Ich startete in **Deutschland** und segelte von dort um **Großbritannien** herum. **Finnland** durchquerte ich zu Fuß und erforschte dabei die forschen Finnen, die dort leben. Mit einem U-Boot durchtauchte ich den Ozean bis vor **Island**, wo ich Vulkane untersuchte. Ich schaute mir **Grönland** unter Wasser an und erreichte endlich **Kanada**, wo ich den Winter verbrachte. Dort gewann ich ein Schlittenhunderennen. Doch dann wurde es mir zu kalt, also kaufte ich ein Motorrad und fuhr an der Küste **Amerikas** entlang bis ins warme **Kolumbien**. Dort beschloss ich erst einmal einen langen Urlaub zu machen. Vielleicht in **Australien** oder in **Südafrika** oder ...?

108 Wörter · diktiert am: ....

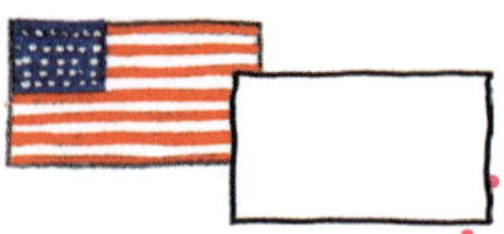

Wie gut kennst du dich aus? Kannst du alle Flaggen den richtigen Ländern zuordnen? Dann merkst du bestimmt schnell, dass die Flaggen für 4 Länder fehlen. Schau im Lexikon oder im Internet nach oder frage deine Eltern, wie die Flaggen dieser 4 Länder aussehen und male sie in die leeren Felder ein.

Geografische Ableitungen auf -er

Man kann von geografischen Eigennamen (Ulm, Bremen, Linz) Ableitungen auf **-er** bilden (Ulmer Münster, Bremer Stadtmusikanten, Linzer Torte). Ableitungen auf **-er** werden **großgeschrieben**.

17 Urlaub zu Hause

Mach doch einmal Urlaub in Deutschland und lerne viele spannende Orte kennen. Im Norden liegt der **Hamburger** Hafen mit riesigen Schiffen und hohen Brücken. In der **Lüneburger** Heide gibt es wollige Heidschnucken zu sehen. Die **Hannoveraner** züchten rassige Pferde.

Die **Berliner** gelten als besonders lustige Menschen, aber auch süße Kuchen heißen in manchen Gegenden **Berliner**! In der Hauptstadt kannst du außerdem durch das berühmte **Brandenburger** Tor spazieren. In der **Kölner** Innenstadt erwartet dich ein süßes Schokoladenmuseum. Lecker sind auch der **Limburger** Käse und die **Nürnberger** Bratwürste.

Ganz weit im Süden, in der **Münchener** Gegend, kann man auf Berge klettern und dort niedliche Murmeltiere pfeifen hören.

105 Wörter · diktiert am: ....

Geografische Ableitungen auf -isch

Man kann von geografischen Eigennamen (Schwaben) auch Ableitungen auf **-isch** bilden (er spricht schwäbisch). In diesem Fall schreibt man sie klein. Wenn die Ableitung allerdings Teil eines Eigennamens ist, schreibt man sie groß (das Schwäbische Meer).

18 Frankas Freunde

In Frankas Schule lernen Kinder aus vielen verschiedenen Ländern zusammen. Frankas beste Freundin Ellen kommt aus London und erzählt spannende Geschichten aus ihrer **englischen** Heimat. Außerdem mag Franka Sally, ihre **amerikanische** Freundin. Paul weiß immer lustige **französische** Spiele. Lesedi aus Südafrika kennt viele **afrikanische** Lieder. Von Berna hat Franka einige **türkische** Wörter gelernt. Ruben wurde in Mexiko geboren. Seine Mutter gibt ihm oft leckere **mexikanische** Süßigkeiten mit. Gitas Mama kommt aus Indien. Sie kocht **indisches** Essen für Franka und ihre Freundinnen, das mächtig scharf ist.

Franka findet es manchmal richtig langweilig, dass sie **deutsche** Eltern hat. Doch für ihre Freunde aus aller Welt ist das ziemlich spannend!

107 Wörter · diktiert am: ....

2. Laute und Buchstaben

2.1 Vokale und Konsonanten

Wörter mit ä
Die meisten Wörter mit **ä** lassen sich von Wörtern mit **a** ableiten (die K**ä**lte - k**a**lt, z**ä**hlen - die Z**a**hl).

19 Die Modenschau

Ein Modefotograf hat Lara eingeladen, um Fotos von ihren **Händen** zu machen. Sie **trägt** einen Ring mit einem Glitzerstein an der rechten Hand. Am Handgelenk soll sie ein Kettchen tragen. An ihren Armen sieht man die **Ärmel** eines hübschen Kleides mit bunten **Bändern**. Das werden lustige Fotos!

47 Wörter · diktiert am: ....

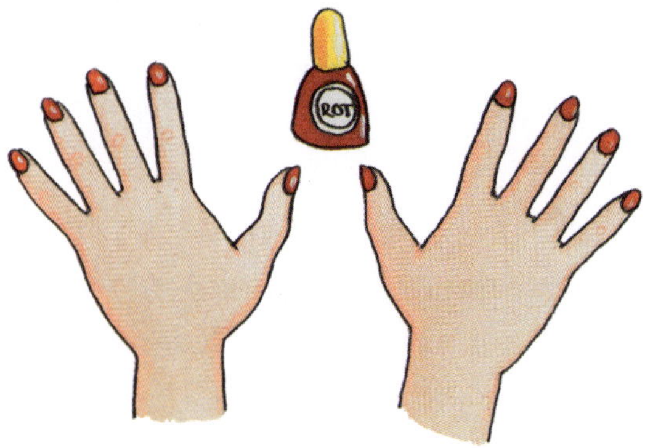

Wörter mit äu

Wörter mit **äu** kannst du meistens von Wörtern mit **au** ableiten (tr**äu**men – der Tr**au**m, B**äu**me – der B**au**m). Achtung! Es gibt einige Wörter die sich nicht von Wörtern mit **au** ableiten lassen und trotzdem mit **äu** geschrieben werden (räuspern, die Säule, das Wollknäuel). Diese musst du einfach auswendig lernen.

20 Schöne Träume!

„Gute Nacht und **träume** schön!“, sagt Mama. Lena kuschelt sich ein und wünscht sich ihren Lieblingstraum: Sie schwebt über die **Bäume** und **Sträucher** im Zauberwald. Die Zauberfeen laden sie in ihre **Häuser** ein. Dort spielt Lena mit den Feenkindern und ihren **Mäusen**. Dann wacht sie auf und ist froh!

49 Wörter · diktiert am: ....

Wörter mit eu

Der Laut **eu** klingt gleich wie **äu**. Du schreibst Wörter immer dann mit **eu**, wenn es kein verwandtes Wort mit **au** gibt (der Beutel, der Euro, treu).

21 Lottes neue Ballettschuhe

„**Leute**, ich bin so aufgeregt!“, ruft Lotte laut. „**Heute** bekomme ich meine **neuen** Ballettschuhe. Sie sind **nagelneu** und viel schöner als meine alten. Ich **freue** mich so!“ „Darf ich sie auch mal anziehen?“, fragt Maxi. „Klar. Du bist doch meine beste **Freundin**!“

42 Wörter · diktiert am: ....

b oder p?
Am Wortende hört man den Unterschied zwischen **b** und **p** nur schlecht. Um herauszufinden, ob du das Wort mit **b** oder **p** schreibst, kannst du es verlängern oder ein verwandtes Wort suchen (lie**b** → lie**b**en, Stau**b** → stau**b**ig).

22 Der Lieblingsplatz von Kater Otto

Kater Otto macht es sich im **Wäschekorb** gemütlich. „Du **Lump** machst alles schmutzig!", ruft Mama und jagt ihn fort.

„Ich baue Otto eine Höhle zum Kuscheln", sagt Maria. „Ich **hab** ihn nämlich **lieb**."

„Gute Idee!", sagt Mama, „dafür bekommst du ein dickes **Lob**."

43 Wörter · diktiert am: ....

Wörter-Babys
Suche das längste Diktatwort aus diesem Diktat heraus. Schreibe es von oben nach unten auf ein Blatt. Das Wort bekommt „Babys", wenn du zu jedem Buchstaben deines Wortes ein neues Diktatwort aus diesem Buch findest, das mit diesem Buchstaben anfängt. Schreibe die Wörter-Babys hinter den jeweiligen Buchstaben. Na, wie lange brauchst du, um zu jedem Buchstaben ein Wort zu finden?

d oder t?

Auch den Unterschied zwischen **d** und **t** am Wortende hört man nur schwer. Wenn du das Wort verlängerst oder ein verwandtes Wort suchst, kannst du hören, ob du **d** oder **t** schreiben musst (Hal**t** → anhal**t**en, Lan**d** → Län**d**er). Verben in der 3. Person Einzahl enden immer auf **-t**.

23 Meine Tante Paula

Heute **kommt** Tante Paula zu Besuch. Sie **sieht** wieder einmal ganz schräg aus. Auf dem Kopf **hat** sie einen spitzen **Hut.** Ihr **Mund** ist **knallrot angemalt**. Sie **trägt** ein grünes **Kleid** mit einem Gürtel. Der ist **breit** und **bunt**. Eines **ist** sicher: Tante Paula **fällt** immer auf!

47 Wörter · diktiert am: ....

g oder k?

Ob am Wortende **g** oder **k** stehen muss, findest du heraus, indem du das Wort verlängerst oder ein verwandtes Wort suchst (We**g** → We**g**e).

24 Prinzessin Rita hat eine Idee

Prinzessin Rita findet es in ihrem Schloss schrecklich öde: Immer der gleiche Ausritt am **Mittag** auf dem **Weg** im **Park**. Rita hat eine tolle Idee: Sie wird Gespenst von Beruf! Sie schnappt sich einen weißen Umhang. Schon geht es los mit einem gruseligen **Spuk**. Huhuuuu!

45 Wörter · diktiert am: ....

Wörter mit ö oder ü

Die fünf Vokale **a, e, i, o, u** kennst du schon. Im Deutschen gibt es außerdem die sogenannten **Umlaute (ä, ö, ü)**. Das **ä** hast du bereits kennengelernt. Nun kannst du die Laute **ö** und **ü** üben.

25 Kühle Kekse

Olga ist eine tolle **Köchin**. Sie kocht **köstliche Eintöpfe** und backt **süße** Kuchen. In der **Küche** ist sie immer **glücklich**.

Aber heute ist Olga **betrübt**. Ihre Lieblingskekse sind nicht dick und heiß geworden, sondern **dünn** und **kühl**. Wie ist das nur **möglich**? Olga **überlegt** und **grübelt** lange.

Da entdeckt sie den Stecker des Backofens. Er steckt ja gar nicht in der Steckdose! Oh je, wie **blöd**!

Wie **schön**, dass das Rätsel **gelöst** ist. Nun ist Olga wieder **fröhlich**.

78 Wörter · diktiert am: ....

ai oder ei

Die Doppellaute **ei** und **ai** klingen gleich. Doch zum Glück gibt es nur wenige deutsche Wörter mit **ai** (zum Beispiel: Hai, Kaiser, Mai, Mais, Waise). Lerne sie auswendig und schreibe alle anderen Wörter mit **ei**!

26 Lila und der Hai

Im **Mai heiratete** Prinzessin Lila den **Kaiser** von **Taiwan**. **Leider verreiste** der **Kaiser** oft und Lila war **einsam**.

Von **einer Reise** brachte der **Kaiser** Lila **ein** riesiges, gläsernes **Ei** mit. Darin schwamm **ein** magischer **Hai**. Er machte Witze, wenn Lila traurig war und erzählte spannende Geschichten, wenn sie sich **langweilte**.

Die **Lieblingsspeise** des **Hais** war **Mais**. Jeden Tag kochte Lila **drei** Kessel voll. Der **Hai** war ein wenig **eigenartig**. Er wollte jedes **Maiskorn einzeln verspeisen.** Lila musste die Körner nach und nach ins Wasser werfen. So war es Lila nie wieder **langweilig**!

92 Wörter · diktiert am: ....

Dein Ai-Maiskolben:
Nimm ein Blatt Papier und male darauf einen großen gelben Maiskolben mit vielen Maiskörnern. Schreibe in jedes Maiskorn ein **Diktatwort** mit **ai**. Immer wenn du in Zukunft einem neuen Wort mit ai begegnest, trägst du es in ein leeres Maiskorn ein. So lernst du deine ai-Wörter schnell auswendig!

f oder v?

Wörter, die den scharfen f-Laut am Anfang haben, schreibst du fast immer mit **f** (fast, fertig, Fliege, Futter). Die Vorsilbe **ver-** schreibt man immer mit **v**. Ansonsten schreibst du nur wenige Wörter mit **v** (Vater, vier, vielleicht, von, vor). Merke sie dir gut!

27 Ein freundlicher Vogel

Ella und Manuel laufen in den Wald und spielen **Verstecken**. Um **vier** Uhr wollen sie nach Hause, doch sie **finden** den Heimweg nicht! Sie haben sich **verlaufen**!

Geht es **vielleicht** da entlang? Oder doch dort hinten?

Da **vernehmen** Ella und Manuel plötzlich ein **fröhliches** Zwitschern. Auf einem Ast sitzt ein bunter **Vogel**.

„Den kenne ich doch!“, sagt Manuel. „Er **frisst** im Winter an unserem **Futterhaus**. Komm, wir **folgen** ihm!“

Ella und Manuel laufen dem **Vogel** hinterher.
Er **führt** sie schnell zurück nach Hause.

84 Wörter · diktiert am: ....

Wörter mit qu

Der seltene Buchstabe **q** ist ein dicker Freund vom **u**. Immer, wenn du den Laut **kw** hörst, musst du **qu** schreiben (Qualm, quasseln, quengeln, quieken).

28 Durchsichtige Meeresbewohner

Quallen sind spannende Tiere. Die Körperform der Meerestiere gleicht einem geöffneten Regenschirm. Sie sind nahezu durchsichtig und bestehen fast nur aus Wasser. Sie schweben kreuz und **quer** durch die Weltmeere.

Manchmal findet man **Quallen** sogar am Strand. Einige Strandbesucher bewerfen sich aus **Quatsch** gegenseitig mit den Glibbertieren. Doch das kann sehr **quälend** werden: Berührst du die langen Fadenarme der orangefarbenen **Feuerqualle**, bekommst du brennende, rote **Quaddeln** auf der Haut. Dagegen hilft ein kühlender Umschlag mit **Quark**.

76 Wörter · diktiert am: ....

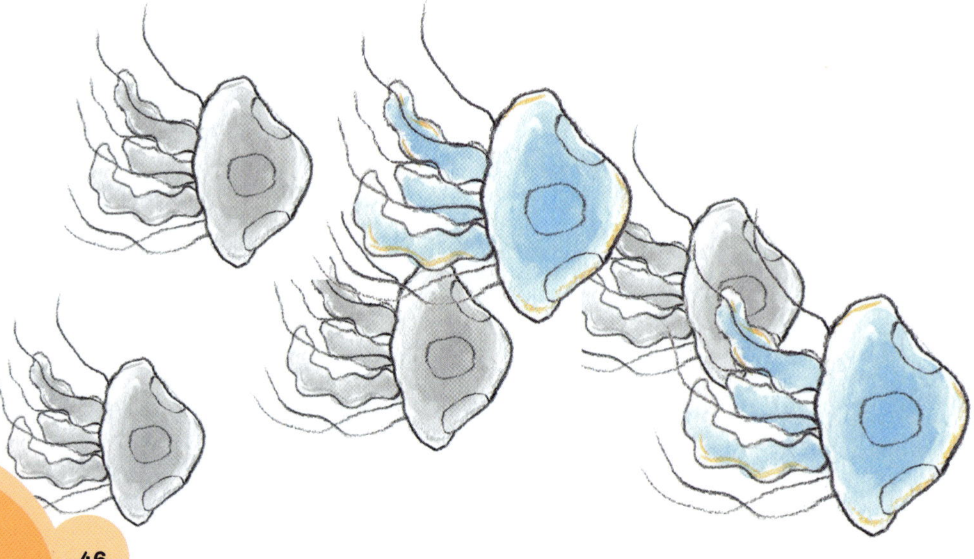

Wörter mit x

Das **x** taucht nur in wenigen Wörtern auf. Diese musst du dir gut merken (extra, fix, boxen, Taxi). Später lernst du noch andere Schreibweisen für den x-Laut kennen (S. 50).

29 Die Nixe Lena

Die kleine **Nixe** Lena ist mit Frieder, dem fliegenden Fisch, verabredet. Er kommt gerade vom Training. Zuerst hat Frieder fliegen, dann **boxen** geübt. Er ist **extra** früher gegangen, damit er mit Lena spielen kann.
Nun möchte Frieder mit Lena um die Wette schwimmen. Aber Lena mag lieber Korallen **verhexen**.
„Simsalabim!“, ruft Lena und dann: „**Verflixt**! Ich habe meine eigene Flosse **verhext**! Jetzt ist ein Knoten drin!“
Frieder lacht. Er löst den Knoten aus Lenas Schwanzflosse und dann schwimmen sie um die Wette. Ganz **fix**.

84 Wörter · diktiert am: ....

Wörter mit ch oder sch

Auch **ch** und **sch** gehören zu den Lauten, die recht ähnlich klingen können. Damit du Wörter mit **ch** und **sch** nicht verwechselst, lies sie laut und deutlich vor. Schon hörst du den Unterschied genau (Kirche – Kirsche, länglich – englisch).

30 Eine Tasche aus Filz

Im **Unterricht** fertigt Stella eine **Tasche** aus Filz. Dazu nimmt sie dicke Wolle, die in allen Farben schimmert: **Bläulich**, **grünlich**, **rötlich** und **gelblich**. Die Wolle zwirbelt sie zu einem **länglichen** Strang, fast wie ein endloser Faden. Daraus strickt Stella eine **Tasche**, die so groß ist, dass bequem 20 **Bücher** hineinpassen würden! Anschließend wird der Riesensack in sehr heißem Seifenwasser **gewaschen**. Die Wolle schrumpft ein und heraus kommt eine **praktische**, kleine Tasche für **festliche** Tage.

74 Wörter · diktiert am: ....

Silbenrätsel
Schreibe die letzten 6 Diktatwörter aus dem Diktat heraus. Schneide aus einem Blatt Papier kleine Kärtchen zurecht. Auf jedes dieser Kärtchen schreibst du nun eine Silbe der 6 Wörter. Danach mischst du die Kärtchen gut durch. Dein Partner hat nun die knifflige Aufgabe, die 6 Wörter zu erkennen und sie aus den Kärtchen wieder zusammenzulegen. Gar nicht so einfach, oder?

sch, sp oder st?

Der **sch-Laut** wird normalerweise als **sch** geschrieben (Schal, Schule, schwer). Aber Achtung: vor **p** und **t** sieht es anders aus! Du schreibst **sp** (Speck, spielen) und **st** (Stall, steinig).

31 Meine Stute Lilli

Tamara ist wahnsinnig **stolz**. Zu ihrem 10. Geburtstag hat sie von Oma und Opa ein eigenes Pferd bekommen! Lilli ist ein **wunderschöner Schimmel**. Jeden Tag **striegelt** Tamara Lillis Fell, bis es hell **schimmert**. Dann kratzt sie **Stroh** und **Schmutz** aus den Hufen und bürstet **Schweif** und Mähne der **Stute**. Das macht **Spaß**!

In den Ferien lernt Tamara reiten. Ihr Vater zeigt ihr, wie man Sattel und Trense anlegt und sich auf den Pferderücken **schwingt**. Dann geht es los: erst **Schritt**, dann Trab und **schließlich** Galopp. **Schon** bald reiten die beiden ins Gelände. Sie **erspähen Spechte** und **Spatzen** und kommen erst **spät** nach Hause. Was für **spannende** Tage!

107 Wörter · diktiert am: ....

Wörter mit ks-Laut

Für den **ks**-Laut gibt es viele Schreibweisen: Man kann **chs** (Dachs), **cks** (Klecks), **gs** (mittags), **ks** (Keks) oder **x** (Mixer) schreiben. Und wann schreibst du was? Manchmal kannst du dir helfen, indem du versuchst das Wort abzuleiten (Kna**cks** - kna**ck**en, neuerdin**gs** - Din**g**).

32 Eine aufregende Nacht

Mitten in der Nacht wanderten Lea, Julia und Onkel Leo zum Wald. Schon **unterwegs** entdeckten sie einen scheuen **Fuchs**.

Als sie vor dem Hochsitz standen, staunte Julia: „Das sieht ja aus wie ein **Hexenhaus**!“

Alle kletterten hinauf und warteten. Ein lustig gestreifter **Dachs** lief über die Lichtung und knabberte an Wurzeln und Pilzen. Rehe kamen vorbei. Onkel Leo packte **Kekse** und heißen Tee aus. Das schmeckte im Wald besonders lecker!

Auf dem Heimweg entdeckte Lea eine **Eidechse** in der Morgensonne. Auf der Weide muhten Kühe und **Ochsen**.

Um **sechs** Uhr morgens fiel Lea hundemüde ins Bett. Aber **nachmittags** las sie im **Lexikon** alles über die spannenden Tiere des Waldes.

109 Wörter · diktiert am: ....

bs oder ps?

In einigen Wörtern kommen die Buchstaben **bs** oder **ps** vor. Leider kannst du den Unterschied nicht hören (Erbse, Mops). In manchen Fällen kannst du die Wörter ableiten (du klebst - kleben, du hupst - hupen). Das klappt aber nicht immer. Also heißt es: Lies und schreibe die Wörter immer wieder, bis du sie im Schlaf richtig schreiben kannst!

33 Merle hilft im Garten

Im **Herbst** gibt es im Garten eine Menge zu tun. Merle läuft zu Oma und Opa und hilft bei der Ernte von **Obst** und Gemüse. Zuerst klettert Merle in den Pflaumenbaum und pflückt die reifen Früchte. Ihr Opa will das nicht mehr tun, seit er einmal von der Leiter **geplumpst** ist. „Danach hatte ich drei Monate einen **Gips**!", schimpft er. Auch Bohnen, Spinat und **Erbsen** können geerntet werden. Nach so einem Tag Arbeit gönnen sich Oma und Opa immer einen **Schnaps**. Merle nascht lieber von Omas Pflaumenkuchen. Die Schufterei hat sich gelohnt!

92 Wörter · diktiert am: ....

Regenbogenwort

Manche Wörter hast du schon oft geschrieben, aber du findest sie immer noch schwierig? Da hilft ein guter Trick! Du schreibst das Wort in großen Buchstaben auf ein Blatt Papier: zuerst in violetter Farbe, dann in blauer Farbe darüber und danach in 5 weiteren Regenbogenfarben. Du hängst das Blatt an einer Stelle auf, an der du oft vorbeikommst - zum Beispiel an deiner Zimmertür oder an einem Schrank. Du wirst sehen: So kannst du dir das Wort viel leichter einprägen.

Der Buchstabe ß

Der Buchstaben **ß (scharfes s)** steht nach einem langen Vokal oder Doppellaut am Wortende (Fuß, süß, heiß, Schweiß) oder in der Wortmitte (fließen, gießen, draußen). Das **ß** steht niemals am Anfang eines Wortes!

34 Huhu und der Hund

Das Gespenst Huhu hat einen neuen Hund. Der Kläffer ist ein **süßer weißer** Pudel und **heißt** Billi. Billi sitzt am liebsten auf Huhus **Schoß**. Doch nun kann Huhu nicht mehr spuken! Huhu schubst Billi einfach hinunter, aber das findet der Pudel gar nicht gut.

Ohne Spuk kann Huhu den Tag gar nicht **genießen**! Er spürt einen **Kloß** im Hals und fängt an zu weinen. Da springt Billi auf, leckt Huhu die Tränen aus dem Gesicht und hüpft auf den Boden.

„Na endlich!“, denkt sich Huhu und spukt davon.

88 Wörter · diktiert am: ....

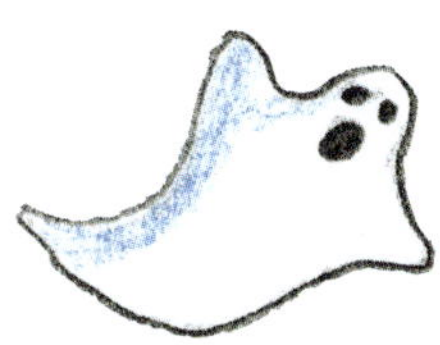

ss oder ß?

Der **scharfe** s-Laut kann entweder als **ss** oder **ß** geschrieben werden. Auf der vorigen Seite hast du gelernt, dass du nach langen Vokalen und Doppellauten **ß** schreibst. Dagegen schreibst du nach einem kurzen Vokal immer **ss** (Fluss, Kuss, er muss).

35 Prinzessin Dunja

Gestern hat **Prinzessin** Dunja zum ersten Mal Prinz Toni gesehen. Dunja hat sich sofort in ihn verliebt.

Nun mag Dunja nichts mehr **essen**. Egal ob salzig oder **süß**, **heiß** oder kalt: Sie kriegt einfach nichts herunter. Und dabei war die Köchin so **fleißig** und hat extra **weiße** Pfirsiche für Dunja eingelegt!

Am Nachmittag treffen sich **Prinzessin** Dunja und Prinz Toni im **Schlossgarten**. Dunja wird erst knallrot, dann **blass**. Sie **weiß** gar nicht, was sie sagen soll!

Da haucht Toni Dunja einen **Kuss** auf die Wange. Dunja ist überglücklich und wird noch röter!

88 Wörter · diktiert am: ....

das oder dass?

Du bist dir nicht sicher, ob es **das** oder **dass** heißt? Ganz einfach! Immer wenn du das Wörtchen **das** durch **dieses, jenes** oder **welches** ersetzen kannst, schreibst du es mit **s** (Das Mädchen, **das** neu in der Klasse ist. Das Mädchen, **welches** neu in der Klasse ist). Schreibt man es mit **s**, ist es ein Artikel (das Mädchen) oder ein Pronomen (..., das neu in der Klasse ist). Dagegen schreibst du **dass** immer mit **ss**, wenn du es nicht durch **dieses**, **jenes** oder **welches** ersetzen kannst (Ich denke, **dass** ich heute mitkommen werde). Hier ist **dass** ein Bindewort.

36 Svenjas neue Klasse

Svenja ist neu in der Klasse 4c. Sie schaut sich genau um. **Das** Klassenzimmer ist hell und voller bunter Bilder. In der ersten Reihe sitzt ein Mädchen, **das** sie nett anlächelt. Ein anderes Mädchen, **das** ebenfalls freundlich aussieht, steht auf und bietet Svenja einen Platz an. Ein blonder Junge hält Svenja **das** Lesebuch hin. Sie soll daraus vorlesen. Was für ein Glück, **dass** sie so gut lesen kann!

Dann singt die Klasse ein Lied für Svenja. **Das** Lied, **das** sehr lustig ist, handelt von wilden Tieren.

Svenja hätte nicht gedacht, **dass** der erste Tag in ihrer neuen Klasse so schön sein würde!

102 Wörter · diktiert am: ....

2.2 Dehnung

Doppelvokale (aa, ee, oo)

Um lang gesprochene Laute zu kennzeichnen, werden manchmal die Vokale **a, e und o** beim Schreiben verdoppelt. Aber Vorsicht, es gibt auch andere Schreibweisen für lange Laute (→ S. 55–57)!

37 Eine Anzeige in der Ostsee-Zeitung

Der **Zoo** sucht dringend neue Tiere! Wir brauchen alle Arten von Tieren, die im und am **Meer** leben: Robben, **Seemöven**, **Aale**, **Seehunde** und vor allem Bären. Eisbären!

Erdbeeren mit Schlagsahne nehmen wir natürlich auch!

35 Wörter · diktiert am:

Wörter mit ie

Der lange i-Laut wird meistens als **ie** geschrieben (hier, vier, Stier). Später lernst du weitere Schreibweisen für das lange **i** kennen.

38 Annika und Lotte haben sich lieb

Annika und Lotte sind **die** besten Freundinnen. **Sie spielen** im Garten und **gießen die** Blumen. **Sie lieben** Basteln und denken sich lustige Reime und **Lieder** aus. **Die** beiden haben immer **viel** Spaß!

32 Wörter · diktiert am: ....

Wörter mit Dehnungs-h

Ein langer Vokal wird oft durch ein **h** nach dem Vokal gekennzeichnet. Lange Laute schreibst du dann so: **ah**, **äh**, **eh**, **ih**, **oh**, **öh**, **uh** und **üh**. Das **h** hörst du dabei meistens nicht.

39 Julias Wanderritt

Im **Frühjahr** machen Julia und ihre Freundinnen Reiterferien. Sie **unternehmen** einen Wanderritt für **mehrere** Tage. Auf **ihren** Ponys reiten sie durch den Wald. Schon am ersten Morgen hat Julias Pony einen **Floh**. Auch Julia muss sich kratzen. Sie **zählt siebzehn** Stiche auf **ihren** Beinen. Nach einem **kühlen** Bad im Fluss sind sie wieder **froh**.

Am letzten Abend übernachten sie in einer **Höhle.** Aber was ist das? Die Mädchen hören leise Geräusche. Julia bekommt Angst – aber es ist nur ein Hase, der im **Stroh wühlt**.

Fröhlich kehren die Mädchen **zehn** Tage später nach Hause zurück.

94 Wörter · diktiert am: ....

Wörter mit langem i

Es kommt nur selten vor, dass das **i** alleine steht, aber trotzdem **lang** gesprochen wird. Meistens ist das der Fall bei Pronomen (wir, mir, dir) und in manchen Wörtern aus fremden Sprachen (Apfelsine, Margarine, Maschine).

40 Zum Kaffee beim Tiger

Tiger und **Krokodil** trafen sich im Park. „Komm, **wir** gehen zum Kaffee zu **mir**", sagte der **Tiger**. Die beiden Tiere fraßen zwei Schokoladentorten und sechs Gläser saure Gurken. Dazu tranken sie ein Fass **Himbeersirup**.

„Schon alle?", rülpste das **Krokodil**. „Ich habe noch **Appetit**!"

Also warf der **Tiger** seiner **Futtermaschine** an und zauberte im Nu noch mehr Schokoladentorte und Gurken her.

„Was machen **wir** jetzt?", fragte das **Krokodil**, als es endlich satt war.

„**Musik**!", sagte der **Tiger** und nahm seine **Violine**. Er spielte und das **Krokodil** sang dazu:

„Ich bin der Stärkste, alle haben Angst vor **mir**. Doch sie müssen sich nicht fürchten, ich bin doch ein zahmes Tier ..."

109 Wörter · diktiert am: ....

2.3 Schärfung

Doppelkonsonanten
Doppelkonsonanten stehen grundsätzlich nur nach kurzen Vokalen.

41 Anna wird ein Junge

„Meine Freundin Bianca war heute nicht **nett**!“, schimpft Klara. „**Immer will** sie nur mit **Puppen** spielen. Paul hat gesagt, das machen nur Mädchen. Ich bin jetzt lieber auch ein Junge.“

Klara **nimmt** sich den **Fußball**. Sie **will schnell rennen** und schießen! **Getroffen**! Tor!

Da kommt Bianca mit einem Malbuch. **Schnell** wird **Anna** wieder zum Mädchen.

55 Wörter · diktiert am: ....

Wörter mit ck
Folgt auf einen kurzen Vokal ein k-Laut, wird das **k** nicht einfach verdoppelt, sondern zu **ck** erweitert (backen, die Schnecke).

42 Eine Kuscheldecke für deine Puppe

Aus **dicker** Wolle kannst du leicht eine kuschelige **Puppendecke** herstellen. **Stricke** kleine **Vierecke** und nähe sie zu einem großen **Viereck** zusammen. Auch **schicke Socken** kann man selber **stricken**. Frage deine Mutter oder Oma, wie das geht!

36 Wörter · diktiert am: ....

Probier das doch selber mal aus! Je mehr Vierecke du strickst, umso größer wird deine Decke. Wenn du nicht stricken kannst, kannst du deine Decke auch häkeln.

Wörter mit tz
Nach einem kurzen Vokal schreibt man nicht **zz** sondern **tz** (Katze, Tatze, Glatze).

43 Die Wildkatze

In einsamen Wäldern lebt die **Wildkatze**. Am wohlsten fühlt sie sich im Gebirge. Die Tiere sehen fast wie getigerte **Hauskatzen** aus, nur größer und mit einem buschigen Schwanz. Auch der Kopf sieht anders aus: Die Nase ist hell und die Schnauze breit.

Auf der Jagd schleicht sich die **Wildkatze** auf leisen **Tatzen** heran und springt **blitzschnell** auf ihre Beute, zum Beispiel Mäuse.

Wildkatzen sind sehr scheu. In hohlen Bäumen sind die Jungen vor Feinden **geschützt**.

84 Wörter · diktiert am: ....

Meine tz-Katze
Male den Umriss einer Katze auf ein Blatt Papier. Fülle dein Katzenbild mit den Diktatwörtern, in denen ein **tz** auftaucht. Wie ist deine Katze geworden? Du kannst sie ja noch farbig gestalten und aufhängen. Immer wenn du ein neues **tz**-Wort lernst, kannst du es in deine Katze einbauen!

Konsonantenhäufung
Nicht nur zwei gleiche, sondern auch **zwei verschiedene Konsonanten** können auf einen **kurzen Vokal** folgen (Kiste, Saft, Tante). Sogar **drei und mehr** Konsonanten sind möglich (sie tanzt, er schrumpft).

44 Ein königlicher Geburtstag

Heute **ist** der **Geburtstag** von **Prinzessin** Fee. Auf ihrer **Bettdecke findet** sie einen Stapel **Geschenke**: ein **wunderschönes** neues **Ballkleid**, drei **goldene Ringe** mit rosa Rubinen, eine **Perlenkette**, einen Zauberstab und einen **Springbrunnen**.

Vom **Fenster betrachtet** Fee den **wolkenlosen** Himmel. Dann geht sie in den **Palastgarten** bis zum **uralten Wald**. Dort trifft Fee ihre Freunde, die **lustigen Waldelfen**. Bei ihnen isst sie Weintrauben, Eicheln, Moos und **Pilze** zu Mittag.

Am Abend hat **Prinz** Heinrich eine Überraschung für Fee: ein großes **Fest** mit **Feuerwerk**. **Glücklich tanzt** Fee bis zum **Morgengrauen**.

88 Wörter · diktiert am: ....

Zusammentreffen von drei gleichen Konsonanten

Du hast schon gelernt, dass auf kurze Vokale häufig zwei gleiche Konsonanten folgen. In zusammengesetzten Wörtern treffen dann manchmal sogar drei gleiche Konsonanten zusammen:
Schiff + Fahrt → Schifffahrt.

45 Übernachtung auf dem Ponyhof

Betty und Lisa gehen heute nach der Reitstunde nicht nach Hause. Sie übernachten auf dem Ponyhof! Auf dem Heuboden packen sie ihre Taschen aus: warme Schlafsäcke und Schlafanzüge, **Betttücher** als Unterlage, eine Taschenlampe (die **Stalllampe** wird um acht Uhr gelöscht), heißen Tee und Kekse.

Betty und Lisa gehen noch einmal zu den Pferden. Als sie schlafen gehen, springt erst Lisa, dann Betty schreiend auf: Wie gemein, die Jungs haben ihnen **Bennnesseln** in die Schlafsäcke gelegt. Wie das pikst! Trotzdem plaudern die Mädchen bis tief in die Nacht.

Schon früh kitzelt die Morgensonne Betty und Lisa wach. Auf dem Ponyhof gibt es natürlich keine **Rollläden**!

104 Wörter · diktiert am: ....

3. Wortbildung

3.1 Vorsilben

Wörter mit der Vorsilbe ent-

Die Vorsilbe **ent-** taucht am Anfang von Nomen, Adjektiven und Verben auf (Entscheidung, entschlossen, Entschuldigung). Verwechsele die Wörter nicht mit solchen, die mit der Vorsilbe **end-** gebildet werden. Diese Wörter leiten sich von der Wortfamilie **Ende** ab (endlich, Endpunkt, Endspiel).

46 Die Entdeckung Amerikas

Vor 1000 Jahren segelten isländische **Entdecker** nach Amerika. Dort segelten sie die Küste **entlang**. Weit **entfernt** von der Heimat bauten sich die Isländer neue Häuser. Doch mit den Indianern gerieten sie in Kämpfe. Schließlich **entschlossen** sie sich **enttäuscht**, wieder zurück nach Hause zu fahren.

44 Wörter · diktiert am: ....

Wörter mit der Vorsilbe ge-

Viele Wörter haben die Vorsilbe **ge-**. Sie kann die Bedeutung eines Wortes verändern (Busch - Gebüsch, singen - Gesang). Auch die Vergangenheit von Verben wird mit der Vorsilbe **ge-** gebildet (gesungen, gelacht).

47 Blitz und Donner

Im Urlaub machten Vanessa und ihre **Geschwister** eine lange Wanderung. Sie trugen Brote und Wasser im **Gepäck**. Auch an Regenjacken hatten sie **gedacht**, denn im Gebirge kann das Wetter blitzschnell umschlagen. Und tatsächlich: Als sie auf dem Gipfel standen, brach ein **Gewitter** los. Solche Blitze hatten sie noch nie **gesehen**!

50 Wörter · diktiert am: ....

Wörter mit der Vorsilbe un-
Durch die Vorsilbe **un-** können Wörter plötzlich das Gegenteil aussagen (bekannt - unbekannt, möglich - unmöglich).

48 Unbekannte Welten

Das Weltall ist **unendlich** groß. Es hat keinen Anfang und kein Ende, es hört nie auf. Einfach **unglaublich**!

Auch wenn die Sterne wunderschön funkeln, ist es für Menschen im Weltall sehr **ungemütlich**: bitterkalt und ohne Atemluft. Eine Reise im Raumschiff ist daher nicht **ungefährlich**. Trotzdem wagten einige **ungestüme** Entdecker den Flug zum Mond.

Dort sammelten sie Staub und Steine, doch auf ferneren Planeten gibt es sicher auch **unentdeckte** Lebewesen. Ob wir die Außerirdischen jemals treffen, ist leider **ungewiss**.

78 Wörter · diktiert am: ....

Merkwörter-Steckbrief
Ihr solltet mindestens zu zweit sein. Jeder sucht 5 Diktatwörter heraus und schreibt diese auf ein Blatt Papier. Wähle nun ein Wort aus deiner Liste aus und gib deinem Partner Tipps zu dem gesuchten Wort. Du beschreibst es am besten so, wie bei einem Steckbrief. Wechselt euch nach jedem Wort ab. Wer die meisten Diktatwörter erraten konnte, hat gewonnen.

Beispiel: Straße: „In meinem Wort sind zwei Vokale."
„Man schreibt es am Anfang etwas anders, als es sich anhört."
„Es fängt mit einem großen **S** an, weil es ein Nomen ist."
„Es hört mit einem **e** auf und in der Mitte hat es den Buchstaben **ß**." „Weißt du wie mein Wort heißt?"

Wörter mit den Vorsilben er-, ver-, vor- und zer-

Die Vorsilben er-, ver-, vor- und zer- verändern die Bedeutungen von Verben (fahren – erfahren – verfahren – vorfahren). Merke dir besonders das **v** am Anfang der Vorsilben **ver- und vor-**. Auch mit der Vorsilbe zer- werden viele neue Wörter gebildet (fallen - zerfallen, kauen - zerkauen).

49 Meereskunde

Melanie die Meerjungfrau ist schrecklich **verstimmt**: Ihr Vater hat sie dazu **verdonnert**, die Meerschule von Algen und Muscheldreck zu säubern! Nur wegen der dummen Geschichte mit den Meereskunde-Hausaufgaben. Die hatte sie nämlich **vergessen**, und als die Lehrerin nachfragte, **erfand** Melanie eine kleine Geschichte: Dass ihr Mini-Hai das Schulheft **zerrissen** und ihren Tintenfischstift gefressen hatte.

„Ich kann mir nicht **vorstellen**, dass das stimmt!“, donnerte die Lehrerin, eine **erfahrene** Meerhexe. „Willst du mich für dumm **verkaufen**?“

Da wurde Melanie rot und gab zu, dass sie es **verschwitzt** hatte, die Hausaufgaben zu **erledigen**. Die Lehrerin **erzählte** alles ihrem Vater.

„So eine dumme Lüge!“, donnerte der. „Ist meiner klugen Tochter keine bessere Ausrede eingefallen?“

110 Wörter · diktiert am: ....

3.2 Nachsilben

Wörter mit den Nachsilben -chen und -lein
Die Nachsilben **-chen** und **-lein** werden an Nomen angehängt. Sie bezeichnen kleine Dinge (Brot - Brötchen, Mann - Männlein).

50 Ein interessantes Päckchen

Edna ist das **Nesthäkchen** in der Familie. Kleider erbt sie immer von ihren großen Schwestern. Doch an ihrem Geburtstag findet Edna ein altes **Büchlein** in einem **Päckchen**. Es heißt: Schicke Kleider für junge **Fräulein** und schöne **Engelchen**. Was sie daraus wohl lernen wird?

43 Wörter · diktiert am:

Wörter mit der Nachsilbe -ling
Alle Wörter mit der Nachsilbe -ling sind Nomen. Du schreibst sie groß.

51 Schmetterlinge im Bauch

Susanna ist verliebt – in ihr neues Pferd! Ihr süßer **Schützling** Sturmpfeil ist erst im letzten **Frühling** geboren. Wenn sie ihn sieht, hat sie viele **Schmetterlinge** im Bauch. Sturmpfeil ist ein **Zwilling**, was bei Pferden sehr selten ist. Und seine Schwester Windblüte ist der zweite **Neuankömmling** auf dem Sommerhof.

48 Wörter · diktiert am: ....

Wörter mit den Nachsilben -heit, -keit, -nis und -ung

Wörter mit diesen Nachsilben sind Nomen, die **großgeschrieben** werden. Ein Tipp: Bildest du von Wörtern auf **–nis** die Mehrzahl, musst du **ss** schreiben (Zeugnis - Zeugnisse).

52 Ein Ärgernis für Hexe Pia

Hexe Pia schäumte vor **Empörung**. Da war sie heute Morgen voller **Heiterkeit** und **Fröhlichkeit** aufgestanden, hatte sich gesonnt und war eine Runde im See getaucht. Sie wollte den Tag draußen verbringen, Johannisbeeren schälen, Spinnenbeine trocknen und Fischaugen hacken. Aber nein – ohne **Vorwarnung** wurde es plötzlich kalt und dunkel! Eine magische **Sonnenfinsternis** brach herein. Mit **Sicherheit** hatte sich die Wetterhexe Otta wieder beim Zaubern versprochen. So eine magische **Dunkelheit** konnte Wochen dauern! Da half nur eins: Ins Haus gehen, die **Heizung** anmachen und ein spannendes Buch lesen.

85 Wörter · diktiert am: ....

Wörter mit den Nachsilben -ig, -isch, -lich und-los

Mit den Nachsilben **-ig, -isch, -lich, -los** können Adjektive gebildet werden. Die Endungen **-ig** und **-lich** sind nicht immer gut zu unterscheiden. Verlängerst du das Wort (fröhlich – das fröhliche Mädchen, lustig – die lustige Fee), dann hörst du deutlich, wie du es schreiben musst!

53 Tierische Rekorde

Der schnellste Vogel ist der Wanderfalke, der mit 184 Stundenkilometern **zügiger** als manches Auto unterwegs ist. **Richtig gemächlich** bewegt sich das Faultier: In einer Stunde kommt es nur 120 Meter weit. Das kleinste Säugetier ist die Hummelfledermaus. Dieser **winzige** Flieger ist nur zwei Gramm schwer und drei Zentimeter lang. Dabei pocht sein Herz **unglaubliche** 1000-mal pro Minute. Geradezu **endlos** erscheint dagegen der Blauwal: Er ist mit 25 Metern Länge das größte Tier der Erde.

74 Wörter · diktiert am: ....

Wörter mit der Nachsilbe -ieren

Die meisten deutschen Verben enden in der Grundform auf **-en** (machen, sagen, schlafen) oder **-n** (klappern, poltern). Einige Verben haben aber die Nachsilbe **-ieren** (marschieren, telefonieren).

54 Spaß mit den Springseil

Du solltest einmal diese Sprünge **ausprobieren**: Hüpfe wie ein Storch auf einem Bein oder schwinge das Seil zweimal unter den Füßen durch.

Oder aber ihr stellt euch nebeneinander in das Seil, fasst euch an den Händen und haltet jede ein Seilende. Jetzt müsst ihr euch **konzentrieren**. Springt vorwärts, rückwärts, im Storchengang und doppelt. Nur ein bisschen **trainieren** müsst ihr dafür. Eure Zuschauer werden begeistert **applaudieren**!

Übrigens: Wenn die Enden des Springseils ausfransen, kannst du es ganz leicht **reparieren**. Mache einen festen Knoten hinein. Dann wird es sich nicht weiter auflösen.

90 Wörter · diktiert am: ....

Wörter mit der Nachsilbe -tion

Wörter mit der Nachsilbe **-tion** sind Nomen und werden großgeschrieben. Es handelt sich dabei meistens um Fremdwörter.

55 Eine funkelnde Party-Sensation

Lade deine Freundinnen zu einer **Bastelaktion** ein. Mit dieser **Dekoration** wird deine Geburtstagsparty zu einem glitzernden Traum.

Schneidet aus Spiegelfolie (oder Alufolie, die ihr auf Pappe klebt) fünf verschieden große Dreiecke aus. Stecht ein Loch in die Spitze des größten Dreiecks und zieht einen Faden hindurch. Piekst ihn durch den Boden des nächstkleineren Dreiecks und verknotet ihn gut. Hängt so alle Dreiecke der Größe nach untereinander.

Schneidet nun noch Kreise, Rechtecke, Quadrate und Ovale aus und hängt sie genauso auf: Das wird eine richtige **Schönheitsoperation** für dein Zimmer!

Toll sieht die Bastelei in **Kombination** mit einer farbigen Lampe aus, die buntes Licht auf die Spiegel wirft.

106 Wörter · diktiert am: ....

4. Zusammengesetzte Wörter

Zusammengesetzte Nomen
Man kann neue Nomen bilden, wenn man zwei oder mehr Nomen zusammensetzt (Fest + Zelt → Festzelt, Geburtstag + Fest + Zelt → Geburtstagsfestzelt). Wie alle Nomen werden sie **großgeschrieben**. Um ein solches zusammengesetztes Wort besser aussprechen zu können, **fügt** man manchmal ein **s** zwischen die zwei Wörter ein. Ein sogenanntes **Fugen-s** (Geburtstag**s**feier).

56 Abenteuer im Märchenbuch

Gundi und Ulla sind **Zwillingsschwestern**. Sie lesen sich jeden Abend etwas vor. Dabei werden sie zu **Einhornreiterinnen** und **Feenköniginnen**. Sie kämpfen mit **Nachtriesen** und **Wolfsratten**. Dann kuscheln sich Gundi und Ulla in ihre **Bettdecken** und schlafen erschöpft ein.

38 Wörter · diktiert am: ....

57 Lena liebt ihren Namen

Das **Zaubererkind** Lena schlüpfte aus einem **Drachenei**: Sie ist ein **Dracheneizaubererkind**. Und wegen ihrer dunklen Haare heißt Lena auch: **Nachthaardracheneizaubererkind**. Lena selbst findet, dass Lena lang genug ist.

28 Wörter · diktiert am: ....

Zusammengesetzte Nomen
Man kann **zwei, drei oder mehr Nomen** zu einem einzigen langen Nomen **zusammensetzen**.

58 Pias Tagesplan

Prinzessin Pia geht im **Schlossgarten** spazieren. Das muss sie jeden Tag tun, denn ihr **Kindermädchen** hält frische Luft für gesund. Was für ein **Wahnsinnsärgernis**! Pia will lieber selbst entscheiden, was sie den ganzen Tag tut.

Morgens möchte sich Pia in ihre fünf **Bettdecken** kuscheln und eine heiße **Sahneschokolade** trinken. Vormittags will sie auf ihrem **Polopony** ausreiten. Für den Nachmittag wünscht sich Pia eine **Prinzessinnenschönheitsschule**, wo man alles über hübsches Aussehen lernt. Und am Abend soll ein **Geschichtenvorleser** an ihr **Himmelbett** kommen und sie in abenteuerliche Träume schicken.

87 Wörter · diktiert am: ....

Zusammengesetzte Adjektive

Auch Adjektive können **zusammengesetzt** werden. Dazu schreibst du einfach ein **Adjektiv, Verb oder Nomen vor ein anderes Adjektiv**: hell **+** rot → hellrot, Wunder **+** schön → wunderschön. Vergiss nicht, die neuen Adjektive **klein** zu schreiben!

59 Übernachtungsparty bei Susan

Lara und Pauline schlafen bei Susan. Sie machen das Zimmer **stockdunkel**. Im **hellblauen** Licht von Paulines Taschenlampe schimmern ihre Gesichter **leichenblass**. Mit ihren **blutrot** geschminkten Lippen sehen die Mädchen wie Vampire aus.

„Wir machen Geistermusik", schlägt Susan vor. Auf Kämmen und Gummibändern erklingen **abgrundtief** schreckliche Töne.

„Das ist ja **sterbenslangweilig**!", mault Lara. „Lasst uns essen. Wir haben **nachtschwarzen** Joghurt, **tiefblauen** Schimmelkäse und **eiskalten** Tee. Wer möchte etwas?"

Pauline klappert mit den Zähnen: „Mir ist **eiskalt** und ich bin **hundemüde**. Lasst uns schlafen." Zufrieden kriechen Lara, Pauline und Susan in ihre Betten.

91 Wörter · diktiert am: ....

Verbindungen aus Verben

Manchmal gehören **zwei Verben** vom Sinn her fest zusammen. Sie werden aber trotzdem **getrennt geschrieben** (liegen lassen).

60 Prinzessin Filomena und das Drachenei

Prinzessin Filomena wacht früh auf. Soll sie noch ein wenig im Bett **liegen bleiben** oder lieber frühstücken? Ihre Mutter hat Eier und Speck zubereiten lassen – lecker!

Filomena packt ihre Sachen und läuft zum See. Sie will **singen üben** und das macht sie dort am liebsten, denn dort hört sie niemand. Am Ufer findet sie etwas Glitzerndes – ein von Diamanten bedecktes Drachenei! Filomena hält den Atem an. Eine Drachin hat es bestimmt **fallen lassen**, als sie vom Schwimmen kam! Filomena versteckt sich im Gebüsch. Bald hört sie bebende Schritte. Da kommt eine riesige, grün schimmernde Drachendame, spuckt Feuer auf das glitzernde Ei und trägt es davon.

Filomena überlegt kurz. Soll sie hinter dem Busch **sitzen bleiben** oder die Drachin verfolgen?

119 Wörter · diktiert am: ....

Zusammensetzungen aus Nomen und Verben
Du weißt schon, dass man zwei Nomen zu einem neuen Wort zusammensetzen kann (S. 72). Auch aus Verben und Nomen kann man neue Wörter bilden (schreiben + Tisch → Schreibtisch).

61 Conni bei der Reitstunde

Endlich Mittwoch! Das ist Connis Lieblingstag, weil mittwochs ihre **Reitstunde** stattfindet. Nach der Schule zieht sie **Reithose** und **Reitstiefel** an. Mit dem **Fahrrad** saust sie zu den **Reitställen**.

Zuerst geht Conni in die **Putzkammer**. Dort werden die **Putzkästen** mit Bürsten, Striegeln und Hufkratzern aufbewahrt. Auch **Reitsattel** und Trense hängen hier. Conni striegelt das Fell von Benni, ihrem Lieblingspony, und sattelt ihn. Dann nimmt sie Benni am **Führstrick** und geht mit ihm in die **Reithalle**. Durch die halbe Bahn wechseln, durch die Länge der Bahn reiten – die **Reitlehrerin** gibt Conni und den anderen jede Menge schwierige Aufgaben. Conni und Benni sind richtig aus der Puste, als die Stunde vorbei ist.

109 Wörter · diktiert am: ....

Doppelt gemoppelt!
Suche die Diktatwörter heraus, die mit einem **doppelten Konsonanten** geschrieben werden. Schreibe sie auf ein Blatt Papier und zeichne die Silbenbögen ein.

Zusammensetzungen aus Nomen, Verben und Adjektiven
Du hast bereits gelernt, dass man **Nomen, Verben und Adjektive** zu **neuen Wörtern** zusammenfügen kann (S. 72 – 74). Hier kannst du alle diese Zusammensetzungen noch einmal üben!

62 Herrliche Haarpflege

Hast du **schulterlanges** Haar? Oder eine **Kurzhaarfrisur**? Trägst du einen **Lockenkopf** oder schlichtes **Glatthaar**? Ganz egal, du siehst bestimmt **wunderschön** aus. Mit wenigen **Pflegetricks** bringst du deinen **Kopfschmuck** noch mehr auf **Vordermann**.

Blondes Haar kannst du nach dem Waschen mit **Kamillentee** spülen. Das macht die Haare **hellglänzend** und **seidenweich**. Künstliche **Pflegespülungen** kannst du getrost **liegen lassen**.

Bildschönen Haarschmuck bastelst du **kinderleicht** selbst. Schneide Blumen, Schmetterlinge oder Herzen aus **Moosgummi** zu, beklebe sie mit Perlen oder bemale sie mit **Glitzerfarbe**. Klebe die Figuren auf **pastellfarbene Haarspangen** – so etwas hat sonst niemand!

90 Wörter · diktiert am: ....

Bastel dir deinen Haarschmuck selbst – so wie im Diktat beschrieben oder ganz anders! Bestimmt hast du noch viel mehr Ideen ...

5. Gleichklingende Wörter und Silben

seid und seit

Die beiden Wörter klingen genau gleich, werden aber unterschiedlich geschrieben. **Seid** kommt vom Verb **sein** (er ist, wir sind, ihr seid). **Seit** hingegen ist eine Präposition und bezeichnet ein zeitliches Verhältnis (seit gestern, seit einer Stunde).

63 Ungeduldiges Warten

Melli wartet schon **seit** 30 Minuten auf Maja und Lela. „**Seid** ihr verrückt geworden?“, schimpft Melli. „Ich warte schon **seit** Stunden!“„Ich wette, du warst selber zu spät“, meckert Lela. „Immer **seid** ihr so gemein!“, sagt Maja. „Los, vertragt euch wieder.“

40 Wörter · diktiert am: ....

Wörter-Silben-Merkspiel

Nehmt ein Blatt Papier und schneidet es in 16 gleich große Teile. Nun zeichnet Silbenbögen auf die Hälfte der Karten: 2 Karten bekommen je 1 Silbenbogen, 2 Karten 2 Silbenbögen, 2 weitere bekommen 3 Silbenbögen und die letzten beiden erhalten je 4 Silbenbögen. Sucht nun aus den Diktaten für die 2. Klasse Wörter aus, deren Silbenanzahl zur Anzahl der Silbenbögen auf den Karten passt. Schreibt die Wörter auf die leeren Karten. Wenn ihr die Karten umdreht und mischt, habt ihr ein Merkspiel. Wer zu einem Wort das passende Silbenbogenkärtchen gefunden hat, hat ein Paar. Und wer die meisten Paare aufdecken konnte, hat gewonnen.

Mann und man

Der **Mann** mit **nn** ist das Gegenstück zur Frau (Mein Papa ist ein starker Mann.). **Man** mit **n** kannst du statt **alle** oder **viele Menschen** benutzen (Alle feiern Weihnachten. → Man feiert Weihnachten.).

64 Tabea und der graue Magier

Endlich stand Tabea dem grauen Magier gegenüber. Das war ein großer **Mann** mit hellem Haar und eisblauen Augen. So viel hatte **man** von ihm erzählt! Sein Gehilfe war ein kleiner, dicker **Mann**. **Man** spürte, wie viel Angst er vor seinem Meister hatte. Gespannt wartete Tabea, bis der Magier sie ansprach.

50 Wörter · diktiert am: ....

Paar und paar

Das Wort **Paar** steht für zwei Dinge oder Menschen, die zusammengehören (ein Paar Schuhe, ein Paar Socken). Du schreibst es immer groß. Dagegen bezeichnet das Wort **paar** eine unbestimmte Anzahl und wird immer kleingeschrieben (Willst du etwas lernen? Schreibe ein paar Diktate!).

65 Auf dem Reiterhof

Tanja und Anja sind beste Freundinnen. Letzten Sommer waren sie ein **paar** Tage auf einem Reiterhof. Dort haben sie alles gemeinsam getan: striegeln, ausmisten, satteln. Bald sagten alle: Tanja und Anja sind ein unzertrennliches **Paar**.

35 Wörter · diktiert am: ....

end- und ent-

Die Silbe **end-** kommt vom Wort **Ende** (endlich, endgültig, beenden). Die Vorsilbe **ent-** dagegen hat nichts damit zu tun (Entschuldigung, entschließen). Immer wenn du ein Wort nicht von **Ende** ableiten kannst, schreibst du es mit **ent-.**

66 Der Schulwettkampf

Leonie und Svenja trainieren für den Schulwettkampf: 50-Meter-Lauf, Weitsprung, Werfen. **Endlich** ist der große Tag da. Svenja ist schrecklich aufgeregt und möchte am liebsten zuhause bleiben.

„Ich sage einfach, ich habe eine **Mittelohrentzündung**", **entscheidet** sie sich.

Doch Leonie macht ihrer Freundin Mut. „Du schneidest bestimmt super ab! Komm jetzt, es gibt keine **Entschuldigung**!", sagt sie **entschlossen**.

Zuerst steht der 50-Meter-Lauf an. Svenja sprintet, legt einen tollen **Endspurt** hin und ... ja! Sie gewinnt den Lauf!

75 Wörter · diktiert am: ....

wieder und wider
Diese beiden gleichklingenden Wörter kannst du unterscheiden, wenn du an ihre Bedeutung denkst. **Wieder** hat oft die Bedeutung von **noch einmal**, **erneut** (wiederkommen, Wiederholung). **Wider** hingegen bedeutet **gegen** (widersprechen, Widerstand).

67 Wanja muss lernen

Wanja die Waldfee besucht mal **wieder** ihre Tante Waltraut. Tante Waltraut ist sehr streng. „Hast du schon deine Hausaufgaben gemacht?“, fragt sie.

„Ja“, sagt Wanja. „Klettern, Baumpflege, ich habe alles erledigt.“

„Auch Menschenkunde?“

„Menschenkunde ist so öde!“, seufzt Wanja.

Tante Waltraut schüttelt **wiederholt** den Kopf. „Menschenkunde ist ein sehr wichtiges Fach! Du lernst jetzt gleich, hier in meinem Baumhaus! Keine **Widerrede**!“

Widerwillig setzt sich Wanja an den Schreibtisch und büffelt Menschenkunde. Und das, wo heute die Waldtümpel so **unwiderstehlich** in der Sonne funkeln!

83 Wörter · diktiert am: ....

Herr und her

Das Nomen **Herr** benutzt man als **Anrede** (Herr Meier) oder anstelle des Wortes **Mann** (ein netter alter Herr). Es steckt auch in längeren Wörtern, die etwas mit **Personen** zu tun haben: Herrin, Herrschaft. Das Wörtchen **her** beschreibt meist eine **Bewegung** auf etwas zu (Gib her! herkommen).

68 Ein herrlicher Tag

Vanessa macht Urlaub auf dem Bauernhof. Dort ist es einfach **herrlich**.

Am ersten Morgen läuft Vanessa auf dem Hof **herum** und schaut alles an. Die Ziegen, ihre Lieblingskuh Rosa – alle sind noch da.

„Vanessa, komm schnell **her**!“, ruft der Bauer, **Herr** Müller. „Katze Minka hat Junge bekommen, willst du sie streicheln?“

„Oh, süß!“, sagt Vanessa und nimmt ein Kätzchen auf den Arm. Sie will das flauschige Wesen am liebsten nie wieder **hergeben**.

72 Wörter · diktiert am: ....

Uhr und ur-
Armband**uhren** und Küchen**uhren** – die kennst du bestimmt! Hier darf das **h** in der **Uhr** nicht fehlen. Anders die **Vorsilbe ur-**, die immer etwas mit **alt** oder **lange zurückliegend** zu tun hat (uralt, Urgroßvater, Urknall).

69 Die Uhr im Urwald

Helgas Opa ist **Uhrmacher**. Deswegen gibt es bei ihr zu Hause viele Zeitmesser: goldene **Taschenuhren**, lustige **Kuckucksuhren** und genau gehende **Stoppuhren**. Helga weiß immer, wie viel **Uhr** es gerade ist.

Auch Helgas **Uropa** hat schon **Uhren** gebaut und repariert. Doch heute ist er **uralt** und kann nicht mehr gut sehen. Dafür erzählt er tolle Geschichten von den **Ureinwohnern** im afrikanischen **Urwald**. **Ursprünglich**, sagt **Uropa**, wohnten dort gefährliche Ungeheuer und wilde **Urmenschen**, die ihn entführen und aufessen wollten!

Mit **Uropa** ist es immer lustig.

83 Wörter · diktiert am: ....

Ab in die Urzeit!
Jetzt darfst du in die Vergangenheit eintauchen. Schreibe aus dem Diktat alle Verben heraus, die in der Gegenwart stehen. Bilde nun zu jedem Verb die richtige Vergangenheitsform und schreibe sie daneben:
Beispiel: es ist → es war.

Saite und Seite

Diese beiden Nomen klingen gleich. **Meistens** brauchst du die **Seite** mit **ei** (Dieses Buch hat 112 Seiten; auf der anderen Straßenseite). Die **Saiten** mit **ai** erklingen in vielen **Musikinstrumenten** (Geigen, Gitarren, Harfen und Klaviere haben lange, dünne Saiten.).

70 Insas erstes Vorspiel

Insa lernt Geigespielen. Vor ihrem ersten Vorspiel in der Musikschule ist sie sehr aufgeregt.

Insa nimmt ihre Geige und stimmt die **Saiten**. Autsch, das klingt aber schräg! Nun sucht sie die richtige **Seite** im Notenbuch. Da steht nicht ihr Lied! Ist es die falsche **Seite**? Oder das falsche Buch? Insa durchwühlt ihre Tasche und findet das Buch, das sie braucht. Sie blättert die **Seite** auf. Dann streicht sie mit dem Geigenbogen über die **Saiten**. Ihr Lied erklingt.

Als Insa fertig ist, klatschen die Zuschauer begeistert.

85 Wörter · diktiert am: ....

viel und fiel

Diese beiden Wörter klingen gleich, werden aber am Anfang unterschiedlich geschrieben. Damit du sie richtig schreibst, achte auf diese Unterscheidung: **Viel** heißt **eine Menge** (Iss viel Obst und Gemüse!) und wird mit **v** geschrieben. **Fiel** kommt von **fallen** und wird mit **f** geschrieben (Der Frosch fiel die Treppe runter.).

71 Sinas Sommerfeier

Heute hatte Sina **viel** zu tun: Kuchen backen, Girlanden ausschneiden, Blumen pflücken, Tische decken – alles für ihre Sommerfeier! Sina ergriff die Teller, Becher und **viele** Strohhalme und lief damit in den Garten. Plumps! Ihr **fiel** ein Teller aus der Hand. Danach ging sie auf den Balkon, um Laternen aufzuhängen. Schnell wieder nach unten, der Kuchen war fertig! Sina übersah eine Stufe und **fiel** mit Gepolter die Treppe hinunter. Aua! Wenn ihr das nur heute Nachmittag nicht passierte!

Doch Sinas Fest wurde wunderschön. Der Garten war himmlisch geschmückt, **viele** Freundinnen kamen und Sina schritt in ihrem neuen Kleid wie eine Prinzessin die Balkontreppe hinunter. Und sie **fiel** nicht hin!

108 Wörter · diktiert am: ....

leeren und lehren

Diese Wörter sind knifflig, denn beide klingen gleich. Die **Lehrerin** in der Schule **lehrt** dich schreiben und lesen. Alle Wörter die etwas mit **lehren** zu tun haben, schreibst du mit **h**. Wenn du dagegen etwas **ausleerst** oder **leer** machst, schreibst du **ee**. Du musst also scharf nachdenken, was gemeint ist!

72 Hanna mistet aus

„Reiten ist ja ganz schön“, denkt Hanna, „aber die viele Arbeit davor und danach.“ Schwitzend schaufelt sie eine volle Mistgabel nach der anderen in die Schubkarre. Dann schiebt sie das schwere Gefährt zum Misthaufen und **leert** das schmutzige Stroh aus. Anschließend kehrt Hanna in den Stall zurück und mistet weiter aus: Aufladen, wegfahren, **ausleeren**, so geht das nun schon seit Stunden. Hannas Arme sind bleischwer und ihr Kopf ist so **leer** wie die sauberen Boxen.

Da kommt die **Reitlehrerin** die Stallgasse entlang. „Mensch, Hanna, mach mal eine Pause!“, sagte sie. „Komm, zur Belohnung **lehre** ich dich ein wenig Springreiten. Das wolltest du doch schon lange lernen, oder?“

105 Wörter · diktiert am: ....

Meer und mehr

Am Strand siehst du das blaue **Meer**: Es ist ein Nomen, das **groß** und mit **ee** geschrieben wird. Das **kleingeschriebene** Wörtchen **mehr** mit **h** brauchst du, wenn es Kuchen oder Pudding gibt, oder?

73 Verschollen im Nordmeer

Zilla, die **Meerjungfrau**, lebte im warmen **Südmeer**. Das Wasser in ihrer **Meeresecke** schimmerte hellblau. An den Riffen tummelten sich Fische in allen Regenbogenfarben, bunte Korallen und noch **mehr** freundliches **Meeresgetier**.

Eines Tages wurde Zilla von einem **Meeresstrudel** mitgerissen. Ihre Kräfte ließen **mehr** und **mehr** nach. Alles um sie wurde schwarz und als sie erwachte, trieb Zilla im eiskalten und dunklen **Nordmeer**. Grimmige Knurrkarpfen zogen ihre Kreise um die verängstigte **Meerjungfrau**. Zilla hatte keine Ahnung, wie sie nach Hause kommen sollte. Ein Knurrkarpfen kam immer näher, sperrte sein Maul auf und ...

Zilla erwachte in ihrem gemütlichen Algenbett. So etwas Schreckliches wollte sie nie **mehr** träumen!

105 Wörter · diktiert am: ....

6. Silbentrennung

Trennung nach Wortbestandteilen
Du hast das Ende der Schreiblinie erreicht, aber das Wort ist noch nicht zu Ende? Jetzt geht es darum richtig zu trennen. **Zusammengesetzte Wörter** trennst du nach den einzelnen Wortbestandteilen (Himmel-bett, Ball-kleid).

74 Ein Wochenende zu zweit

Zufrieden schmiegt Alina sich in die **Bett-decke**. Unten im **Stock-bett** liegt ihre beste Freundin Isabella. Sie haben den ganzen Tag zusammen gemalt und gebastelt. Sie haben **Apfel-kuchen** gebacken und die **Sonnen-blumen** gegossen. Nun ist Alina sehr müde. Sie nimmt ihr **Kuschel-tier** in den Arm und schläft sofort ein.

48 Wörter · diktiert am: ....

Diktat-Star
Es ist oft sehr witzig, wenn man seine eigene Stimme aufnimmt und dann anhört. Suche alle Diktatwörter aus dem Text heraus. Lies die Wörter langsam und laut vor und nimm dich dabei auf. Mit dieser Aufnahme kannst du nun dein eigenes Wörterdiktat machen. Starte die Wiedergabe und höre dir das erste Wort an. Stoppe dann die Wiedergabe und schreibe das erste Wort auf. Das wiederholst du nun mit allen Wörtern. Nach dem letzten Wort kannst du alle Wörter noch einmal anhören. Vergleiche zum Schluss deine Wörter mit denen im Buch.

Trennung nach Sprechsilben

Wörter mit zwei Silben kannst du nach **Sprechsilben** trennen (La-den, kau-fen). Sprich das Wort laut und klatsche dabei die einzelnen Silben. So weißt du genau, an welcher Stelle du das Wort trennen musst.

75 Hexe Duda und der Zaubertrank

Die **bö-se He-xe Du-da** tanzt um den **gro-ßen Kes-sel**. **Zu-erst** muss sie **drei-mal** im Kreis **lau-fen**. Dann soll sie **zehn-mal sprin-gen** und **da-bei** laut **sin-gen**. Schon ist der Trank **fer-tig**.

30 Wörter · diktiert am: ....

Trennung bei aa, ee und oo

Die Doppelvokale **aa, ee, oo** bleiben bei der Trennung immer zusammen (Staa-ten, Mee-re, Moo-re).

76 Sommer am See

Elena verbringt den Sommer am See. Am Ufer beobachtet sie **Libellenpaa-re**. Man kann **Boo-te** mieten und auf dem Wasser rudern. Beim Schwimmen spürt sie etwas am Bein. Ist das ein **haa-riges** Monster? Nein, zum Glück nur eine Familie glitschiger **Aa-le**!

40 Wörter · diktiert am: ....

Trennung bei au, äu, ei und eu

Auch **au**, **äu**, **ei**, und **eu** werden nicht getrennt (Tau-ben, Mäu-se, Mei-sen, Eu-len).

77 Prinzessin Vera will etwas erleben

Prinzessin Vera hat genug von **fei-nen Klei-dern**! Sie **rei-tet** zu den **Häu-sern** der **Bau-ern**. „Darf ich dir **heu-te** helfen?“, fragt sie einen Jungen. „Klar!“, sagt der **freu-dig**. Vera **säu-bert** den **Schwei-nestall** und trägt Holz in die **Scheu-ne**. Danach ist sie müde, hat aber richtig gute **Lau-ne**.

46 Wörter · diktiert am: ....

Trennung bei Dehnungs-h

Bei der Trennung von Wörtern bleibt das **Dehnungs-h** immer bei dem Vokal oder Umlaut, der ihm vorausgeht (Müh-le, Höh-le).

78 Bunte Fahnen für dein Zimmer

Schneide Dreiecke aus Stoff aus und bemale sie bunt. **Boh-re** bei jedem Dreieck je ein Loch in zwei der Ecken. Nun kannst du deine Dreiecke an eine Schnur fädeln. **Wäh-le** einen Platz unter der Decke und hänge deine **Fah-nen** auf. Wenn du das Fenster weit öffnest, flattern sie leicht im Wind. Eine tolle Deko!

54 Wörter · diktiert am: ....

Trennung nach Sprechsilben
Wörter mit drei oder mehr Silben kannst du nach **Sprechsilben** trennen (Mar-me-la-de, He-xen-be-sen).

79 Hexe Lola und der Papagei

Für den **He-xen-wett-be-werb be-rei-tet** Hexe Lola ein tolles Gebräu vor: Den Trank der **Ver-wand-lung**. Dort hinein gehören **Ma-jo-ran**, **Scho-ko-la-de**, **Dun-kel-kräu-ter** und **Mäu-se-milch**. Die letzte Zutat ist ein **Ge-heim-nis.** Schließlich möchte Lola nicht, dass die **an-de-ren** Hexen ihren Trank **nach-brau-en**.
Lola bringt alle **Zu-ta-ten** mit und kocht ihren Trank. Sie trinkt ihn und **ver-wan-delt** sich in einen **Pa-pa-gei**. Ihre **Zu-schau-er** sind **be-zau-bert**.
Oh Schreck! Lola hat den **Ge-gen-trunk ver-lo-ren**! Muss sie nun für immer als Vogel **he-rum-flie-gen**?

76 Wörter · diktiert am: ....

Hexe Lolas wundersame Rückverwandlung
Hexe Lola kann natürlich nicht für immer und ewig als Papagei herumfliegen, oder doch? Überlege dir, wie die Geschichte weitergehen könnte und schreibe sie auf ein Blatt Papier. Du kannst auch mit deinen Freunden einen kleinen **Schreibwettbewerb** veranstalten. Dazu liest du ihnen zuerst das Diktat vor. Nun schreibt jeder von euch seine eigene Fortsetzung. Lest euch nun eure Geschichten vor. Na, welche gefällt euch am besten? Vorher könnt ihr euch noch überlegen, welchen Preis der Sieger bekommt ... Wie wär's mit einem Zaubertrank?

Trennung bei Doppelkonsonanten

Wörter mit Doppelkonsonanten trennt man so, dass der letzte Konsonant immer auf die neue Zeile kommt (Was-ser, Sup-pe). Folgt nach dem Doppelkonsonant ein weiterer Konsonant, so kommt dieser auf die neue Zeile (Hoff-nung).

80 Das Turnier

Christina startet mit ihrem **Han-noveraner** Oskar beim Turnier. Sie tritt in der **Dres-sur** an. Oskar ist ein erfahrener **Wal-lach** und total ruhig. Ganz anders Christina. Sie prüft **im-mer** wieder Oskars **Sat-tel** und kaut an den Fingernägeln. Endlich reitet Christina in die Bahn und führt ihre Kür vor. Bei „durch die halbe Bahn **gerit-ten**“ **pas-siert** es: Oskar stolpert. Oh nein, ein Fehler! Nun passt Christina **dop-pelt** so scharf auf. Der Rest der Übung gelingt den beiden meisterlich. Christina und Oskar **gewin-nen** den 2. Platz.

83 Wörter · diktiert am: ....

Trennung bei ch, ck und sch

Die Buchstabenverbindungen **ch, ck und sch** werden wie ein **einziger Laut** ausgesprochen. Daher darfst du sie auch **nicht trennen** (Tü-cher, wa-ckeln, Ta-sche). Nicht vergessen: Es gehört immer der erste Konsonant auf die neue Zeile!

81 Eine Rasse fürs Rennen

Die Pferderasse **engli-sches** Vollblut wird extra für Pferderennen gezüchtet. Die Tiere gelten als die besten Rennpferde der Welt. Sie **errei-chen** bis zu 70 Stundenkilometer und sind so schnell wie ein Auto!

Vollblüter sind wertvolle Tiere. Nur sehr **rei-che Men-schen** können sich den Kaufpreis von mehreren Millionen Euro leisten. Sie bezahlen auch den Stall und die Pflege der schnellen Pferde. Außerdem **su-chen** die **rei-chen** Besitzer den **Jo-ckey** aus: Diese kleinen leichten Reiter **bü-cken** sich tief über den Pferdehals, um das Tier beim Rennen nicht zu behindern.

84 Wörter · diktiert am: ....

Wörter buchstabieren

Suche ein Diktatwort aus. Buchstabiere dann deinem Partner das Wort ganz langsam und deutlich. Dein Partner soll nach möglichst wenigen Buchstaben herausfinden, wie das Wort heißt.
Je weniger Buchstaben ihr braucht, um das Wort zu erraten, desto besser. Wechselt nach jedem Wort ab. Na, wer hat am Ende die meisten Wörter am schnellsten erraten können?

Trennung bei pf

Wörter mit **pf** werden zwischen **p** und **f** getrennt (Karp-fen). Aber Achtung bei zusammengesetzten Wörtern! Diese werden nach Wortbestandteilen getrennt (Brat-pfanne).

82 Vorfreude

Katinka könnte vor Freude **hüp-fen**, in die Hände klatschen und mit den Füßen **stamp-fen**. Sie darf heute mit Antonia im Garten zelten! Aber Katinka sitzt in der Schule und kann nicht **hüp-fen.** Die Freundinnen stecken die **Köp-fe** zusammen und flüstern. „Das ist der **Gip-fel**!", hört Katinka die Lehrerin **schimp-fen**. „Was ist mit euch los?"„Wir zelten heute", antwortet Katinka. „Wir freuen uns so!", sagt Antonia. Dann gebe ich euch eine Hausaufgabe", sagt die Lehrerin. „Ihr erzählt uns am Montag genau, was ihr erlebt habt!"

83 Wörter · diktiert am: ....

Trennung bei st
Wörter mit **st** werden zwischen **s** und **t getrennt** (hus-ten, has-tig). Aufpassen musst du nur bei zusammengesetzten Wörtern, denn die trennt man nach den Wortbestandteilen (Morgen-stern).

83 Reise in die gelbe Wüste

Tara las noch einmal die **Lis-te** durch: Schlafsäcke, Essen, Lampen, Zelte, Wasserflaschen ... Ihre **Ausrüs-tung** für die **Wüs-te** war komplett! Sie hatte schon **ges-tern** losreisen wollen, aber es war ja **meis-tens** so, dass das **Wichtigs-te** fehlte: Sie selbst! **Ges-tern** war Tara beim **Meis-ter**, der ihr Tipps für die Reise gab.

Drei Tage **reis-te** Tara nach **Os-ten**, dann lag sie vor ihr: die gefürchtete gelbe **Wüs-te**. Tara hoffte, dass sie diese Reise überlebte – und dann ging sie los!

82 Wörter · diktiert am: ....

Schreibe dein eigenes Theaterstück!
Was erlebt Tara wohl alles auf ihrer Reise? Schreibe auf, wie die Geschichte weitergeht. Dir fällt bestimmt jede Menge ein! Nun kannst du die Geschichte mit deinen Freunden nachspielen. Ihr habt bestimmt jede Menge Rollen zu verteilen. Mit den richtigen Kostümen und einer schönen Bühne macht es noch mehr Spaß!

Trennung bei tz

Wörter mit **tz** trennt man zwischen **t** und **z** (Kat-ze, Frat-ze).
Bei zusammengesetzten Wörtern heißt es aufpassen und nach Wortbestandteilen trennen (Hitz-kopf).

84 Der Luchs

In einsamen Wäldern leben die Luchse. Sie sind die größten **Wildkat-zen**, die es bei uns gibt: Luchse werden etwa einen Meter lang. Ihr Schwanz ist kurz und buschig mit einer schwarzen **Spit-ze**. Luchse haben dreieckige, **spit-ze** Ohren. Weil sie an Malerwerkzeuge erinnern, nennt man sie auch Pinselohren.

Im Harz haben einige der **Kat-zen** ein Halsband mit Sender bekommen. Über **Handynet-ze** empfangen Tierforscher nun Signale von den Luchsen. Die Wissenschaftler **nut-zen** ihr neues Wissen, um den Luchs bei uns noch besser zu **schüt-zen**.

81 Wörter · diktiert am: ....

Diktatwörter-Witzgeschichte

Nimm 10 kleine Kärtchen. Suche 10 Diktatwörter aus dem Buch heraus und schreibe sie auf die Kärtchen. Überlege dir dann eine möglichst witzige Geschichte, in der diese 10 Wörter enthalten sind. Lege dann die Wortkärtchen in der Reihenfolge, in der sie in deiner Geschichte vorkommen, vor dich hin. Erzähl nun deinem Partner die Geschichte. Immer wenn eines deiner Wörter in der Geschichte vorkommt, darfst du dieses Kärtchen umdrehen. Schaffst du es wirklich, alle Wörter einzubauen?

Trennung bei ß

Steht **ß** als einziger Konsonant, kommt er auf die nächste Zeile (bei-ßen, flie-ßen). Ganz selten steht **ß** zusammen mit anderen Konsonanten. In diesen Fällen kommt der letzte Konsonant auf die nächste Zeile (ausschließ-lich, verdrieß-lich). Bei zusammengesetzten Wörtern trennst du wie gehabt nach Wortbestandteilen (Floß-fahrt).

85 Elfe Mias Rosen

Elfe Mia betrachtet die **wei-ßen** Rosen, ihre Lieblingsblüten! Die Blumen **hei-ßen** sogar wie die Elfe: Rose Mia. Nur zu dumm, dass schöne Blumen soviel Arbeit machen. Täglich muss Mia die Rosen **gie-ßen**. Dabei muss das Wasser gut **abflie-ßen**, damit ihre Blumen nicht ertrinken. Mia untersucht die Blüten genau: Sitzen gemeine Blattläuse darauf, die die Pflanzen **bei-ßen** und ihre Lebenssäfte trinken?

Als Belohnung schneidet sich Mia jeden Abend eine **wei-ße** Blüte ab. Ihr Duft schickt die Elfe in **sü-ße** Träume.

79 Wörter · diktiert am: ....

Trennung von zusammengesetzten Wörtern

Lange Wörter, die aus zwei anderen Wörtern **zusammengesetzt** sind, trennst du zwischen den Wortbestandteilen (Marmeladen-topf, Trink-becher). Auch Wörter mit **Vor- und Nachsilben** werden zwischen ihren einzelnen Bestandteilen getrennt (ver-liebt, höf-lich).

86 Sarah in der Menschenwelt

Sarah ist kein **gewöhn-liches** Mädchen: Sarah lebt bei den **Ein-hörnern**! Seit sie klein ist, trägt ihre **Ein-horn-mutter** sie auf ihrem Rücken spazieren. Nachts schmiegt Sarah sich in das warme Fell ihres Vaters. Und tagsüber spielt sie mit ihren Freunden, den **Ein-horn-kindern**.

Eines Tages begegnet Sarah im Wald einem ganz **un-bekannten** Wesen: einem **Menschen-jungen**. Sarah zeigt ihrem neuen Freund Adrian ihr **Zu-hause**, den **Silber-wald**. Adrian **er-zählt** Sarah von den Menschen, ihren **Wohn-häusern** aus Stein und den lauten **Fahr-zeugen**. Gemeinsam machen Sarah und Adrian einen **Aus-flug** in die **Menschen-welt**. Doch der Lärm, der Schmutz, die vielen Leute, das macht Sarah **schreck-liche** Angst.

Sarah ist **heil-froh**, als sie zurück im ruhigen, grünen Wald ist.

110 Wörter · diktiert am: ....

Trennung bei ps
Wörter mit ps werden zwischen p uns s getrennt (Hop-ser).

87 Hopsassa, tiralalla!

Ist dir langweilig? Dann probiere mal den verrückten **Hop-sassatanz**! Dazu brauchst du nur deine Lieblingsmusik, deine beste Freundin und los geht's!

Zuerst solltet ihr eine Weile wild **hop-sen** wie zwei **Gummiklop-se**. Ist euch schon warm? Gut, immer **weiterhop-sen**! Nun fangt an, euch gegenseitig in den Bauch zu **stup-sen**. Aber tut euch nicht weh!

Hop-sassa! Nun ist es aber genug. Werdet schnell wieder normal und vergesst den Tanz – aber nicht die Wörter mit ps.

73 Wörter · diktiert am: ....

Es macht Spaß, sich mal richtig auszutoben, oder? Danach ist dein Kopf frei gepustet und du kannst umso besser lernen. Blättere einmal die anderen Diktate dieses Kapitels durch. Die geben sicher reichlich Stoff für neue verrückte Tänze. Ein „Tscha**ck**a-Tscha**ck**a-Tanz" ist bestimmt etwas ganz Tolles. Hm, und was könnte man wohl erst mit einem harmlosen, kleinen **sch** anfangen oder einem **tz** oder ... ?

Trennung bei sp

Wörter mit **sp** werden zwischen **s** und **p** getrennt (Knus-perhaus).

88 Eine Hexe mit Erkältung

Hexe Ursula erwacht mit einer fiesen Erkältung, aber arbeiten muss sie trotzdem. Mit laufender Nase setzt sich Ursula ans Fenster ihres Hauses. Da kommen auch schon die ersten Kinder den Waldweg entlang.

„Knu…, Knu…“ Hexe Ursula bekommt kein Wort heraus. Sie **räus-pert** sich und versucht es noch einmal.

„**Knu-s-per**, **Knus-per**, Knäuschen!“, krächzt Ursula heiser. Die Kinder hören sie nicht.

„**Knus-per**, **Knus-per**, Knäuschen! Wer **hus-pert**, nein, **knus-pert** an meinem Knäus…?“ Die Hexe **verhas-pelt** sich und versucht es noch einmal.

„**Knu-sper**, **Knus-per**, Knäuschen! Wer **knus-pert** an meinem Häus…?“ Ein schlimmer Husten schüttelt Ursula. Die Kinder rennen lachend davon. Hexe Ursula beschließt, sich lieber wieder ins Bett zu legen.

108 Wörter · diktiert am: …………

Trennung bei ps, sp, st und tz
Das kennst du schon. Die Buchstabenverbindungen **ps, sp, st** und **tz** werden immer zwischen diesen zwei Buchstaben getrennt.

89 Freundinnen beim Backen

Laura, Lea und Lina treffen sich nach der Schule zum Backen. Aus einem Pfund Mehl und je einem halben Pfund Butter und Zucker knetet Lina einen Teig. Laura schlägt ein Ei hinein und Lea gibt Backpulver dazu.

Lea versucht, Teig vom Schüsselrand zu **krat-zen**. „Finger weg!“, sagt Lina und gibt Lea und Laura **Klap-se** auf die Hände. Es sind nur leichte **Stup-ser**, die gar nicht wehtun.

Laura rollt den Teig aus, Lea und Lina formen die **Plätz-chen**. Nach dem Backen wollen die Mädchen ihre Kekse **tes-ten**. Welche **knus-pern** am **bes-ten**: die Sterne oder die Herzen? Alle schmecken prima und es bleiben keine **Res-te** übrig.

104 Wörter · diktiert am: ....

Rezept-Diktat
Kannst du die frischen Kekse schon riechen? Bitte doch deine Mutter dir ihr Rezept für deine Lieblingskekse zu diktieren. Wenn du es schaffst, das Diktat ohne Fehler aufzuschreiben, könnt ihr es gleich zusammen ausprobieren. Und du kennst nun ganz nebenbei für alle Zeiten das Rezept für deine Lieblingskekse!

7. Zeichensetzung

7.1 Grundlegende Satzzeichen

Punkt

Am Ende von Aussagesätzen steht – wie hier – ein **Punkt.** Denke daran, danach groß weiter zu schreiben.

90 Sternschnuppen

Du hast bestimmt schon einmal eine Sternschnuppe gesehen. **D**ie strahlenden Lichter sind nichts anderes als Staubkörner. **S**ie fallen zur Erde und werden dabei heiß. **D**ann beginnen sie zu glühen. **D**abei leuchtet der Sternenstaub hell auf.

Vielleicht erfüllen uns Sternschnuppen sogar unsere Wünsche. **V**ersuche es doch auch einmal.

47 Wörter · diktiert am: ....

Fragezeichen

Weißt du, welches Satzzeichen am Schluss einer Frage steht**?** Es ist das **Fragezeichen**. Danach geht es mit einem Großbuchstaben weiter.

91 Das höchste Glück der Erde ...

Lisa will mit ihrem Pferd Wanja ausreiten. Aber leider regnet es. Was soll Lisa dann bloß tun**? E**in Buch lesen**? O**der ein wenig fernsehen**? O**b ihre Freundin Zeit zum Spielen hat**? D**a sieht Lisa einen Sonnenstrahl durch die Wolken brechen. Soll sie schnell zu Wanja laufen**?**

46 Wörter · diktiert am: ....

Ausrufezeichen

Nach erstaunten Ausrufen, nach Aufforderungen und Befehlen steht ein besonderes Satzzeichen. Kennst du es? Na klar, es ist das **Ausrufezeichen!** Darauf folgt ein Großbuchstabe.

92 ... liegt auf dem Rücken der Pferde

Endlich schönes Wetter**! E**ndlich wieder auf Wanjas Rücken sitzen**! L**isa prescht ohne Sattel und Zaumzeug über die Weide. Sie jubelt laut vor Freude. Jippie**! W**as für ein Spaß**!**

28 Wörter · diktiert am: ....

Fragezeichen und Ausrufezeichen

Bestimmt weißt du, wann du ein **Ausrufezeichen** brauchst (→ S. 103). Am **Ende von Ausrufen und Befehlen**, klar! Und **Fragezeichen?** Sie beenden **Fragen** (→ S. 103). Übe beide Satzzeichen noch einmal.

93 Nixe Dora sucht neue Freunde

Dora schießt durch das kühle Wasser. Hui, das macht Spaß**!** Doch was ist das**?** Ein Schatten verdunkelt das helle Nass. Dora schwimmt zur Wasseroberfläche. Ein Schiff**!** Ein riesiges, weißes Schiff**!** Was die Menschen wohl in Doras einsamer Meeresbucht wollen**?**

Dora beobachtet, wie die Menschen mit einem Ruderboot an Land gehen. Vier große und sieben kleine sind es. Die sehen lustig aus mit ihren langen Beinen**!** Ob die kleinen Menschen mit ihr spielen wollen**?** Langsam schwimmt Dora an den Strand.

79 Wörter · diktiert am: ....

Verwandte Wörter

Such Dir ein Wort aus dem Diktat aus. Dann überlege, welche ähnlichen Wörter dir dazu einfallen. Schreibe sie auf. Beispiel: langsam → langsamer, am langsamsten, Langsamkeit ...

Wörtliche Rede: Vorangestellter Begleitsatz

Bei der wörtlichen Rede steht zuerst ein **Begleitsatz**, in dem steht, **wer** spricht. Danach folgen ein **Doppelpunkt** und der **Redesatz** mit dem, **was gesagt** wird. Er wird in **Anführungszeichen** verpackt: Am Anfang des Redesatzes stehen sie unten, am Ende oben (Ada sagt: „Hallo, Jana!")

94 Hüpfen und Springen

Ada und Jana stehen auf dem Schulhof.

Ada sagt: „Ich will Seilspringen üben."

Jana meint: „Au ja, da möchte ich mitmachen!"

Ada fragt: „Kommst du um drei zu mir?"

Jana antwortet: „Gerne, bis nachher!"

Um drei stehen Ada und Jana mit ihren Seilen auf dem Hof.

Ada sagt: „Ich springe jetzt rückwärts."

Jana ruft: „Das macht Spaß!"

Da stolpert Ada und fällt hin. Sie schreit: „Aua, mein Knie!"

Jana fragt: „Ist es sehr schlimm?"

Ada sagt: „Es geht schon wieder. Los, wir hüpfen weiter!"

84 Wörter · diktiert am: ....

Wörtliche Rede: Voran- und nachgestellter Begleitsatz

Du kennst schon die Zeichensetzung für den vorangestellten Begleitsatz (→ S. 105). Steht der Begleitsatz **nach der wörtlichen Rede,** musst du ihn durch ein Komma abtrennen („Komm mit!", sagte Paula).

95 Julia schwebt im Glück

Die Oberfläche des Mondes ist so weich und weiß wie frischer Schnee und die Sterne glitzern am schwarzen Himmel. Julia blickt sich um.

„Oh, da ist ja die Erde**!",** ruft sie.

Annina nickt**: „**Sie sieht wunderschön aus**."**

Julia und Annina gehen spazieren.

„Das ist toll**!",** schreit Julia und hüpft leicht wie eine Feder von einem Fels zum nächsten.

Annina schlägt vor**: „**Wollen wir um die Wette springen? Wer kommt weiter**?"**

Julia fühlt sich leicht wie ein Vogel. Sie hüpft und schwebt umher. Dann schlägt sie plötzlich die Augen auf.

„Du glaubst nicht, was ich geträumt habe, Mama**",** sagt sie.

99 Wörter · diktiert am: ....

Bindestrich zur Einsparung von gemeinsamen Bestandteilen

Manche Wortgruppen besitzen einen gemeinsamen Wortbestandteil. Diesen kannst du durch einen Bindestrich ersetzen. Dadurch kannst du die Wortgruppe kürzen. (Yasemin malt mit Wasser**farben** und Öl**farben**.
→ Yasemin malt mit Wasser- und Öl**farben**.)
Die Wortgruppen können durch **und** oder **oder** verbunden sein.

96 Weiß auf schwarz

Für dieses tolle Kunstwerk brauchst du keine **Filz- oder Buntstifte**, keine **Finger- oder Wasserfarben**. Dieses Bild malst du mit **Koch- und Speisesalz**!

Rühre einfach so viel Salz in ein Glas Wasser, bis es auf dem Boden des Glases liegen bleibt. Warte, bis das Wasser wieder klar schimmert. Nimm einen **Borsten- oder Haarpinsel**, tauche ihn ins **Salz- und Malwasser** und male ein Bild auf ein Stück schwarzes **Ton- oder Bastelpapier**. Nun musst du nur noch abwarten, bis das Bild getrocknet ist. Oder du nimmst einen Haartrockner, dann erscheint dein Kunstwerk im Nu auf dem Papier!

94 Wörter · diktiert am: ....

Es muss nicht immer schwarz sein. Du kannst dein Salzbild auch auf andersfarbigen Papieren malen! Nur mit weiß und hellen Farben wird es schwierig. Welche Farbe gefällt dir am besten?

7.2 Kommasetzung

Komma bei Aufzählungen

Wenn einzelne Wörter in einem Satz in einer **Aufzählung** stehen, trennst du sie durch ein **Komma** voneinander ab. Aufpassen musst du nur bei den Wörtern **und** und **oder**: Wo sie auftauchen, brauchst du **kein Komma** (Alma liebt Gummibärchen, Erdbeeren, Nüsse und Milch.)

97 Müll im Spielwald

Im Sachunterricht besuchen Alma und ihre Klasse eine Mülldeponie. Essensreste, Hühnerknochen, CDs, Kissen und noch viel mehr kaputte Dinge liegen durcheinander. Es stinkt fürchterlich. Der viele Müll macht leider Probleme: Er verschmutzt Boden, Luft und Wasser.

Ein paar Tage später geht Alma zum Spielen in den Wald. Zwischen den Bäumen hat jemand Müllsäcke und alte Reifen, rostige Stangen und leere Fässer abgeladen. Ameisen, Käfer, Schmetterlinge fliehen vor dem stinkenden Haufen. Vögel, Hasen und Mäuse fressen davon und werden krank.

Alma legt sich auf die Lauer und beobachtet den Müllsünder. Dann erzählt sie alles der Polizei. Den Umweltverschmutzer erwartet eine dicke Geldstrafe.

101 Wörter · diktiert am: ....

Komma bei Konjunktionen
Viele Sätze beginnen mit Konjunktionen wie **weil, als, während, wenn, obwohl** oder **bis**. Solche Sätze werden durch ein Komma abgetrennt. Dabei ist es egal, ob der Satz mit der Konjunktion am Anfang oder am Ende steht. (Ich lese, weil ich Geschichten mag. / Wenn ich lese, vergesse ich alles andere.)

98 Die Ausreißer

Es herrscht helle Aufregung, als Katharina und Johanna an der Jugendfarm ankommen. Der Esel Zottel, das Lama Franjo und die Ziege Bärli sind ausgebrochen, weil der Zaun kaputt ist! Obwohl Katharina und Johanna das neue Stallgatter reparieren wollten, helfen sie bei der Suche. Die beiden laufen durch den Wald, bis sie an den Fluss kommen. Was ist, wenn die drei ins Wasser gesprungen sind? Können sie schwimmen?

Da entdeckt Johanna Zottel. Er hängt im Gebüsch fest. Während Johanna den Esel befreit, beruhigt Katharina das Lama. Bärli kaut schon wieder an ein paar Zweigen. Langsam setzen sich die fünf in Bewegung und gehen in Richtung Jugendfarm. Alle sind glücklich, weil die drei Ausreißer wieder da sind.

115 Wörter · diktiert am: ....

Schlangen-Sätze
Nimm 5 Wörter aus dem Diktat und versuche daraus einen möglichst langen Satz zu bilden. Schreibe deinen Satz auf.

Komma bei „aber" und „denn"
Vor Sätzen, die mit den Konjunktionen **aber** und **denn** beginnen, musst du immer ein Komma setzen. (Es regnet, aber Maria spielt trotzdem draußen. Lea bleibt zu Hause, denn es ist ihr zu kalt.)

99 Streit unter Freundinnen

Milli und Hilli sind dicke Freundinnen, aber heute haben sie einen schlimmen Streit. Zuerst ist Milli böse auf Hilli, denn die hat ihre Hausaufgaben abgeschrieben. Dann wird Hilli wütend, denn sie findet, Freundinnen müssen sich bei den Hausaufgaben helfen.

Milli will sich entschuldigen, aber Hilli hört gar nicht richtig hin. Sie erzählt lieber von ihrem neuen Abenteuerbuch. Da wird Milli böse, denn Hilli hört ihr ja nie zu!

Nun schmollen Milli und Hilli und spielen lieber allein.
Am Abend treffen sie sich auf der Straße zwischen ihren Wohnungen, denn beide wollten gerade die andere besuchen.
Alleine spielen ist zwar schön, aber mit der besten Freundin ist es viel schöner!

109 Wörter · diktiert am: ....

Komma bei „und“ und „oder“

Vor den Konjunktionen **und** und **oder** musst du kein Komma setzen. Du darfst es aber tun, wenn sie Hauptsätze einleiten. (Laura mag Pferde**(,)** und Michelle mag Hunde.)

100 Die Prinzessinnenprüfung

Marilea und Mandelia sind Zwillingsschwestern(,) und sie sind Prinzessinnen. Heute findet ihre große Prinzessinnenprüfung statt. Zuerst muss Marilea Mandelia eine Ballfrisur stecken(,) und Mandelia soll Marileas Fingernägel gold anmalen. Danach verziert Marilea für ihre Schwester ein Ballkleid mit Stickereien(,) und Mandelia häkelt bunte Schmetterlinge. Das bekommen beide gut hin.

Dann soll Marilea auf Französisch mit dem grimmigen Großonkel Günther plaudern(,) oder sie muss der tauben Tante Tunella einen Witz erzählen. Auch für Mandelia wird es knifflig: Sie soll eine aufgeregte Braut beruhigen(,) oder sie soll zwei Prinzen vom Duell abhalten.

Am Ende sind die Prüfer begeistert(,) und sie geben beiden Prinzessinnen eine Eins plus.

104 Wörter · diktiert am: ....

Weil Mädchen anders lernen!

Textaufgaben für Mädchen

Die erste Lernhilfe, die Mädchen gezielt fördert!

1. **Interesse wecken:** Themen wie Freundschaften, Pferde, Meerjungfrauen steigern die Begeisterung für die Aufgaben.

2. **Motivation und Konzentration fördern:** Die Phantasie und Kreativität von Mädchen wird angeregt mit Aufgaben wie „Mandala malen und errechnen" und „Blütenblätter ausrechnen und Blumen basteln".

3. **Und so sicher in Textaufgaben werden.**

Aus dem Inhalt:

- 100 Textaufgaben, nach Klassenstufen geordnet
- Alle Themen aus dem Unterricht: Grundrechenarten, Größen, Schaubilder etc.

PONS

ISBN 978-3-12-561644-8